Reise durch

WIESBADEN
UND DER RHEINGAU

Bilder von
Tina und Horst Herzig

Texte von
Michael Kühler

Stürtz

Erste Seite:
Bei der Einzellage „Steinberg" der Hessischen Staatsweingüter im ehemaligen Kloster Eberbach wird nur Riesling angebaut. Aus ihm werden Spitzenweine erzeugt, etwa die legendäre „Steinberger Riesling Trockenbeerenauslese 1921".

Vorherige Seite:
Bei diesem Blick vom Neroberg sind unter anderem die Marktkirche sowie rechts daneben das Rathaus von Wiesbaden zu sehen.

Unten:
Drei Meter breit und 144 Meter lang: die Rüdesheimer Drosselgasse ist ein Phänomen, das von rund drei Millionen Gästen pro Jahr besucht wird. Schunkeln und gute Laune gehören hier nicht zum Pflichtprogramm, sondern zur Kür...

Seite 10/11: Vom Niederwalddenkmal kann man den Blick schweifen lassen über die Weinberge des Rheingaus.

Es sollte an die Einigung Deutschlands 1871 erinnern – hier gedeihen also wahrhaft „teutsche" Tropfen ...

Inhalt

12

An südlichen Gefilden – Wiesbaden und der Rheingau

26

Wiesbaden – ein „Nizza des Nordens"
Seite 48
Literatur – Von Goethe bis zur „Entdeckung der Langsamkeit"
Seite 66
Mit allen Wassern gewaschen – Thermal- und Mineralquellen

80

Zwischen Rhein und „Gebück" – der Rheingau
Seite 102
Kunst, Kultur und Wein – Kloster Eberbach
Seite 120
Rheingauer Wein – zwischen Main, Taunus und Rhein

134 Register
135 Karte
136 Impressum

An südlichen Gefilden – Wiesbaden und der Rheingau

In der Zeit um 1720 wurde der Schlosspark Biebrich in französischer Manier angelegt; die Umgestaltung zu einem englischen Landschaftspark erfolgte 1817 bis 1823 durch den berühmten Gartengestalter Friedrich Ludwig von Sckell (1750–1823). Seit den 1990er-Jahren leben hier mehrere Arten von Papageien, wovon vor allem die Halsbandsittiche mit ihrem gelb-grünen Gefieder und mit lauten Schreien die Besucher auf sich aufmerksam machen.

Bei Wiesbaden legt „Väterchen Rhein" eine Kehrtwendung ein: Er ändert seine Hauptrichtung von Süden Richtung Norden und fließt nun von Osten nach Westen. Von der Stadt ausgehend und den ganzen Rheingau entlang schützt der Taunus-Hauptkamm im Norden vor kalten Winden, und die historische Landschaft sowie die hessische Landeshauptstadt liegen an Hängen, die nach Süden orientiert sind. Diese südliche Lage zusammen mit dem „Wärmespeicher" des Rheins bescheren der Stadt wie auch der westlichen Landschaft ein mildes Klima, das sich seit alters her hervorragend für den Anbau köstlichen Weins eignet.

Dies wussten zwar schon die Römer zu schätzen, doch da der Limes durch den Taunus verlief, beschränkten sie sich weitgehend auf linksrheinische Weinberge. Karl der Große beobachtete schließlich von seiner Pfalz in Ingelheim, dass der Schnee am Johannisberg früher schmolz als anderswo. Hier ist der erste Weinanbau aus dem Jahr 817 überliefert, in Walluf jedoch bereits 779. Später waren es vor allem die Klöster, die den Anbau der Reben beförderten. Dies geschah nicht nur zur eigenen Erquickung, sondern auch aus wirtschaftlichen Gründen: Wein ist seit dem Mittelalter das wichtigste Handelsgut des Rheingaus.

Hü und Hott …

Wiesbaden ist nicht nur eine Wein- und Sektstadt oder weiß mit der Pracht ihrer historischen Bausubstanz zu beeindrucken, es ist auch eine moderne Stadt. Das zeigt sich nicht zuletzt daran, dass hier die Busspur erfunden wurde und ihren Siegeszug in die ganze Welt antrat: Es war auch die erste deutsche Stadt und die erste Großstadt weltweit, die 1929 den innerstädtischen Verkehrsbetrieb von Straßenbahnen auf Busse umstellte. 1955 wurde der Straßenbahnbetrieb endgültig eingestellt, so dass die Stadt heute die zweitgrößte Deutschlands nach Münster in Westfalen ist, die weder eine Straßenbahn noch eine U-Bahn hat.

Heute hat das Bussystem mit 50 Millionen Fahrgästen jährlich seine „Schmerzgrenze" erreicht. Da die Stadt nicht nur bezüglich der Einwohnerzahl, sondern auch in Hinsicht auf

Arbeitsplätze und damit der Pendler wächst, gibt es Bestrebungen, den Umstieg auf den öffentlichen Nahverkehr zu erleichtern. 1998 wurde erstmals das Projekt einer Wiesbadener Stadtbahn als Ergänzung zu den Bussen sowie als Verbindung nach Bad Schwalbach kontrovers erörtert. 2001 wurde es „eingefroren", um 2011 wieder aus der Schublade geholt zu werden. Im Jahr 2012 berichtete die Frankfurter Rundschau, dass durch den Neubau einer Stadtbahn täglich 20 Busse eingespart werden könnten: Sie sollte von Klarenthal quer durch Wiesbaden über den Hauptbahnhof bis zur Hasengartenstraße führen. Schätzungen zufolge könnten täglich 8000 Pendler „umsteigen", was den Individualverkehr stark entlasten würde.

Zu einer „Entlastung" des innerstädtischen Verkehrs trägt es zwar nicht bei, doch zu einer „Belebung": Die Ursprünge des Internationalen Reit- und Springturniers, das jährlich an Pfingsten Besucher aus Nah und Fern nach Wiesbaden lockt, liegen im Jahr 1929. Seit 1993 wird dieses Turnier mit einem Korso historischer Kutschen durch die Innenstadt eröffnet. Das Ziel ist der Schlossplatz vor dem Stadtschloss und hier gibt sich auch die Prominenz ein Stelldichein, was vor allem in Bezug auf die Damenwelt an extravaganten großen Hüten unschwer zu erkennen ist.

„Hü" rufen also die Kutscher, wenn ihre vierbeinigen Lieblinge Gas geben sollen; bei einer Linksabbiegung heißt es „hüst", rechtsherum dagegen „hott". Die Redensart „mal hü, mal hott sagen" hat sich aus der Abkürzung „hü" für „hüst" ergeben: Es geht also mal nach links und mal nach rechts, aber selten vorwärts…

Heile, heile Gänsje

Nicht so recht vorwärts gehen will es auch mit dem sogenannten „AKK-Konflikt". Nach dem Zweiten Weltkrieg bildete der Rhein die Grenze zwischen der linksrheinischen französischen und der rechtsrheinischen amerikanischen Besatzungszone. Dadurch wurden drei Mainzer Stadtteile, die auf der „falschen" Seite des Flusses liegen, von Hessen einverleibt (Amöneburg, Kastel, Kostheim). Ihre Ortsschilder tragen heute noch die Aufschrift „Landeshauptstadt Wiesbaden – Stadtteil Mainz-Kastel" usw. Viele Bürger und Kommunalpolitiker wollten – und wollen bis heute – dies nicht akzeptieren. Dies schlägt sich immer noch in Stereotypen nieder wie beispielsweise „diese Mainzer" oder „diese Wiesbadener".

Kein Wunder: hüben die mondäne Kurstadt Wiesbaden, drüben die Fastnachtshochburg Mainz, wie es singt und lacht… Eines der wohl bekanntesten Mainzer Fastnachtslieder stammt von Ernst Neger und thematisiert die Rivalität und den Streit um die eigenen „Perlen" rechts des Rheins: „Wenn ich mir so mei Meenz betracht, dann denk ich in mei'm Sinn: Mer hat's mit Meenz genau gemacht wie mit der Stadt Berlin. Man hat's zerstört, hat's zweigeteilt. Und trotzdem hab ich Mut, zu glaawe, des des alles heilt. Aach des werd widder gut. Meenz und Berlin, ihr seid so schön. Ihr könnt, ihr derft net unnergeh'n ... Heile, Heile, Gänsje ..." Doch der 1. FSV Mainz 05 hat sogar Fanclubs auf der rechten Rheinseite. Sie nennen sich allerdings „Falsche Rheinseite" oder „Hessliche 05er".

„Geheilt" werden soll auch eine kulturelle Institution des Rheingaus mit langer Tradition: das Brentanohaus in Winkel. Ende 2013 wurde bekannt, dass Udo Baron von Brentano das dringend sanierungsbedürftige Anwesen samt Weingut an das Land Hessen verkaufen wollte. Die Kosten für den Kauf und die Sanierung wird das Land Hessen übernehmen, das Besitztum soll dann an die Verwaltung der Staatlichen Schlösser und Gärten Hessen übergeben werden. Zusammen mit dem Freien Deutschen Hochstift möchte die Stadt Oestrich-Winkel eine gemeinnützige Trägergesellschaft gründen, die das Anwesen vom Land pachten und das Kulturgut betreuen wird. Bei Ersterem handelt es sich um einen Verein, der das Goethe-Haus in Frankfurt betreibt und sich um die Förderung der Edition von literarischen Werken verdient macht.

Morsches Holz

Ebenfalls der Literatur zugewandt, allerdings mit musikalischer Ausprägung, ist ein Winzersohn aus dem Rheingau. Der 1979 in Wiesbaden geborene Liedermacher verbrachte seine Kindheit und Jugend in Erbach, einem Stadtteil von Eltville, und heißt mit vollem Namen „Gisbert Wilhelm Enno Freiherr zu Innhausen und Knyphausen"; besser bekannt als Gisbert zu Knyphausen. Der Name verweist auf ein altes friesisches Häuptlingsgeschlecht und die Familie zählt nicht nur zum ostfriesischen Uradel, sondern heute auch zum „Rheingauer Bauernadel". Besonders sein „Morsches Holz" erinnere an die poetischen Texte von Sven Regener und lasse an „Element of Crime" denken, so die – durchwegs positive – Meinung einiger Musikkritiker. Hochgelobt wird sein Album „Hurra! Hurra! So nicht.", und wenn die „taz" ein Interview mit ihm übertitelt mit „Der Zauderkünstler", dann hat dieses Wortspiel seine volle Berechtigung. Denn den Texten wohnt viel Melancholie inne, die – ohne Depression – immer auch an ein Morgen denken lässt.

Viel morsches Holz fiel auch an, als das „Gebück" aufgegeben wurde – bis zum Ende des 18. Jahrhunderts hatte es den Rheingau gegen

1847 bis 1855 ließ Herzog Adolf von Nassau die Russisch-Orthodoxe Kirche auf dem Neroberg in Wiesbaden anlässlich des allzu frühen Todes seiner 19-jährigen Gemahlin, Elisabeth Michailowna, errichten. Sie war die Tochter von Michael Romanow und Nichte der beiden Zaren Alexander I. (reg. 1801–1825) und Nikolaus I. (reg. 1826–1855).

Eindringlinge aus dem Norden geschützt. Der 50 bis 60 Meter breite Waldstreifen bestand in erster Linie aus Hainbuchen, doch auch Buchen und Eichen hatten hier ihren Platz. In wechselnder Höhe über dem Boden wurden die Bäume abgeschlagen – die neu ausgeschlagenen Zweige wurden kreuz und quer zur Erde „gebückt" und untereinander verflochten. Dazwischen siedelten sich Brombeer- und Schwarzdornsträucher von selbst an: Wer selbst einmal versucht hat, einen verwilderten Garten zu roden, kann sich vorstellen, wie undurchdringlich dieses Gestrüpp innerhalb relativ kurzer Zeit werden kann. Vereinzelte bewehrte Tore ermöglichten den Durchgang. Die Sicherung derselben oblag ebenso wie die Instandhaltung des „Gebücks" jeweils den militärisch geschulten Männern des nächstgelegenen Ortes. Sie wussten, was es zu verteidigen galt, denn das „Weistum" von 1324 sicherte ihnen im Rheingau Privilegien, die denen der Städte nahe kamen. Dabei handelte es sich um eine mündlich überlieferte oder nach Verhandlungen protokollierte Rechtsquelle, die besonders im Bereich des mittleren Rheins und der Mosel so genannt wurde; anderswo wurden sie als „Ehaft", „Willkür" oder „Beliebung" bezeichnet. Beim Hof Mappen, in der Nähe von Obergladbach im Hinterlandswald gelegen, ist die 1494 errichtete „Mapper Schanze" das am besten erhaltene Torbollwerk des „Gebücks".

Berg- und Talfahrt

Der Hinterlandswald liegt, wie der Name schon sagt, hinter dem „Gebück" und damit außerhalb des Rheingaus. Ziemlich deckungsgleich mit den heutigen Gemarkungen von Schlangenbad und Langenschwalbach – jetzt Bad Schwalbach genannt – gab es die 15 „Überhöhischen Dörfer", zu denen neben den beiden erstgenannten unter anderem auch Niedergladbach, Obergladbach und Hausen vor der Höhe gehörten. Der Hauptort war Bärstadt, dessen Schultheiß für alle zugehörigen Dörfer mit der Überwachung der Frondienste und der Abgaben an die wechselnden Adelsgeschlechter betraut war. Hier wurde Gericht gehalten – der Gerichtsplatz und das Gefängnis befanden sich direkt an der Kirche. Dies war ein mahnendes Zeichen, denn aus allen Dörfern kamen die Leute zu Fuß zur Kirche in Bärstadt und wurden dort auch begraben.

14

Neben dem Galgen durfte in Bärstadt die Tanzlinde nicht fehlen. Im altfränkischen Raum, zu dem auch dieses Dorf gehörte, war es Brauch, Linden durch Podeste aufzuwerten: Auf ihnen wurde getanzt und dann darunter Gericht gehalten. 1992 fiel die 180 Jahre alte Linde einem Sturm zum Opfer – 2003 wurde eine neu gepflanzte Linde so beschnitten, dass sie in späteren Zeiten wieder als große Tanzlinde den Mittelpunkt des Ortes bilden wird. Bundesweit bekannt wurde Bärstadt, da die hier lebende Anne Voss die Kindersendung „Löwenzahn" erfand und ihren Helden „Peter Lustig" ab 1980 in einem Bauwagen in Bärstadt leben ließ.

Hinauf auf die Höhen über dem Rheingau geht es heutzutage nicht mehr nur zu Fuß: 1885 wurde von Assmannshausen zum Jagdschloss Niederwald eine eineinhalb Kilometer lange Schmalspur-Zahnradbahn in Betrieb genommen und von dort führte über zweieinhalb Kilometer ein Waldweg zum Niederwalddenkmal. Dieses Angebot wurde von den Gästen mal besser, mal weniger gut angenommen und nicht zuletzt aus wirtschaftlichen Gründen der Betrieb zu Beginn der 1920er-Jahre eingestellt. Seit 1953 gibt es nun von Assmannshausen zum Jagdschloss, heute ein komfortables Hotel, einen Sessellift. Von Rüdesheim verkehrt eine Kabinenseilbahn zum Denkmal, die mit dem Slogan wirbt: „Über den Reben schweben". Verschiedene Möglichkeiten locken zu einer Halbtages- oder Ganztagestour über dem Rheingau, denn die Distanz von Rüdesheim nach Assmannshausen oder zurück lässt sich bequem per Schiff auf dem Rhein bewältigen.

Auch in Wiesbaden kann man hoch hinaus, und das ganz ohne eigene Anstrengung. Denn seit 1888 verkehrt vom Nerotal auf die Spitze des Neroberges eine Wasserlast- und Zahnstangenstandseilbahn: die Nerobergbahn. Sie erhielt in den weit über hundert Jahren ihres Bestehens schon einmal einen neuen Anstrich und Verschleißteile wie Schienen wurden auch ersetzt. Einer neuen Nutzung zugeführt wurde das historische Toilettenhäuschen an der Talstation: Hier wurde ein kleines Museum zur Bahn und ihrer Geschichte eingerichtet und nach dem Erbauer des Häuschens, dem langjährigen Wiesbadener Stadtbaumeister Felix Genzmer (1856–1929), benannt. Ins Schwitzen kommen muss man beim Mitfahren nicht, denn es gab in der Geschichte der Bahn bisher keinen Unfall.

Wer trotzdem eine Erfrischung wünscht, ist im „Opelbad" auf dem Neroberg bestens aufgehoben. Die Errichtung dieses Freibads hoch über der Stadt zu Beginn der 1930er-Jahre wurde durch eine Stiftung des Geheimrats Wilhelm von Opel (1871–1948) möglich, der Mitinhaber der gleichnamigen Autofirma in Rüsselsheim

Mit gut 37 Hektar ist der „Steinberg" die größte Lage des Rheingaus. Die Domäne gehört zu den Hessischen Staatsweingütern Kloster Eberbach und ist ringsum von einer Natursteinmauer umgrenzt.

war und hier erstmals in der deutschen Automobilindustrie die Fließbandfertigung einführte. Das Bad sollte den Kur- und Fremdenverkehr Wiesbadens neu beleben und ist in den klaren Linien des „Neuen Bauens" gestaltet. Mit seiner Lage zwischen der Weinlage Neroberg und dem Stadtwald, seinen weißen Baukörpern und seinen von „Relings" begrenzten deckartigen Terrassen wirkt es ein wenig wie „Schiffsarchitektur".

Sehen und Gesehenwerden

Schöne „Aussichten" versprechen hier nicht nur die Formensprache der Bade-Architektur und die (Stadt-)Landschaft, hier tummeln sich auch durchtrainierte Sportlerinnen und Sportler, die gewillt sind, weitere Schweißtropfen für den Erhalt ihrer wohlproportionierten Formen zu vergießen. Etwas „barocker" mutet die Gestaltung der Kaiser-Friedrich-Therme unten in der Stadt an. Sie wurde 1910 bis 1913 in den Formen des Jugendstils üppig dekoriert und ist, wie der Name schon sagt, kein Sport-, sondern ein Thermalbad. Gespeist wird es von der Adlerquelle, der nach dem Kochbrunnen zweitgrößten Wiesbadener Thermalquelle.

Hier ist also Entspannung pur angesagt, was auch vor oder nach dem Besuch des „Theatriums" möglich ist. Der Name leitet sich von „Theater" und lateinisch „Atrium", das heißt im Freien, ab; im Volksmund wird es allerdings nur Wilhelmstraßenfest genannt. Mit rund 400 000 Besuchern gilt es als größtes Straßenfest Deutschlands. Im Juli wird auch ein Drachenbootrennen veranstaltet und im August läutet die „Rheingauer Weinwoche" schön langsam den Herbst ein. Auf der „Längsten Weintheke der Welt" wird an über 100 Ständen ausschließlich Rheingauer Wein ausgeschenkt: Wer hier alles probieren möchte, muss öfter als einmal kommen.

Als ältestes Wiesbadener Volksfest gilt im Oktober der „Andreasmarkt" in Biebrich, denn er lässt sich bis auf das Jahr 1350 zurückverfolgen. Auf eine wesentlich jüngere Geschichte blickt hingegen „goEast" zurück, denn dieses Festival des mittel- und osteuropäischen Films wurde im Jahr 2001 vom Deutschen Filminstitut gegründet. Die Filmvorführungen finden vor allem in der Villa Clementine sowie im Festivalkino Caligari statt; Letzteres wurde vom Wiesbadener Oscarpreisträger Volker Schlöndorff als „Juwel unter den Lichtspielhäusern" bezeichnet.

Nur wenige Städte oder Stadtviertel in Deutschland können eine solche Geschlossenheit an historistischer Architektur aufweisen wie die Innenstadt von Wiesbaden. Kleine vorspringende Balkone oder kunstvoll verzierte Erker lassen ebenso wie die vielen Fenster Licht und das Leben in den Straßen und Gassen in die hohen Räume dringen – nicht zuletzt auf dem Marktplatz.

Gute Zeiten – Schlechte Zeiten

„Filmreif" war auch eine Geschichte, die sich in der Villa Clementine zutrug. König Milan von Serbien lebte wegen persönlicher und politischer Konflikte von seiner Gattin getrennt. 1887 schlossen sie in Belgrad einen Vertrag, demzufolge die Erziehung des gemeinsamen Sohnes, das heißt des Kronprinzen, in einer gemeinsam ausgewählten deutschen Stadt geschehen solle, die außer günstigen klimatischen Bedingungen auch eine orthodoxe serbische oder russische Kirche besitzen sollte. Beides traf auf Wiesbaden zu, und Königin Natalia, dem rumänischen Bojarentum entstammend, mietete hier die Villa Clementine an. Das Anwesen im Stil des Historismus war 1878 bis 1882 im Auftrag eines Mainzer Fabrikanten für dessen Gattin Clementine errichtet worden, die allerdings kurz vor der Fertigstellung verstarb; für die königlichen Hoheiten aus dem Süden ein durchaus standesgemäßes Domizil.

Der König reichte die Scheidung ein – die Königin wies das Ansinnen zurück. Die Ehe war wohl mehr als nur zerrüttet, denn König Milan wollte den Kronprinzen Alexander nach Serbien zurückholen, notfalls mit Gewalt. Die Königin selbst sollte aus Deutschland ausgewiesen werden – das hatte der König durch eine Intervention bei Kaiser Wilhelm II. und Reichskanzler Bismarck erreicht, während die Hilferufe der Königin an die regierenden Herrscherhäuser ohne Echo blieben.

Der Kaiser mischte sich höchstderoselbst in die Angelegenheit ein, als er die Königin mit einem persönlichen Telegramm bat, ihren Widerstand aufzugeben – es konnte sich in diesem Fall also nur um allerhöchste politische Brisanz handeln. Der Hintergrund des „Wiesbadener Prinzenraubs" wurde deutlich, als König Milan im Februar 1889 überraschend abdankte und seinen minderjährigen Sohn zum König Alexander I. von Serbien proklamieren ließ. Ihm zur Seite gestellt wurden drei „Regenten" – und der König a. D. sicherte sich damit, hinter dem Rücken der Öffentlichkeit und seiner politischen Gegner, weiterhin einen entscheidenden Einfluss auf die serbische Politik.

Wiesbaden machte in der späteren Geschichte noch von sich reden, denn Erich Mix (1898–1971) war von 1937 bis 1945 für die NSDAP und dann von 1954 bis 1960 für die FDP Ober-

bürgermeister von Wiesbaden: Mithin der einzige einer Landeshauptstadt, der dieses Amt sowohl im Dritten Reich wie auch in der Bundesrepublik innehatte. Andererseits hielt hier der Widerstandskämpfer Martin Niemöller (1892–1984) die letzte Predigt vor seiner Verhaftung in der Marktkirche. Und der Wiesbadener Ludwig Beck (1880–1944) war am 20. Juli 1944 am Attentat auf Hitler beteiligt und bezahlte dies mit seinem Leben. Ihm zu Ehren verleiht die Stadt jährlich den Ludwig-Beck-Preis für Zivilcourage.
Und es ist wohl heute noch einiges an Courage nötig, um in einem kleineren Ort im Rheingau Stolpersteine zum Gedenken der jüdischen Opfer des Nationalsozialismus zu verlegen. In Oestrich wurden die ersten davon im August 2013 verlegt – der Jüdische Friedhof des Ortes gilt als ältester erhaltener seiner Art im Rheingau.

Wein, Weib und Gesang

Zu einem anderen Ortsteil von Oestrich-Winkel gibt es auch eine Anekdote zu berichten: Mittelheim. Baulich mit den beiden Erstgenannten verbunden, liegt er – wie der Name schon sagt – dazwischen. Als die rechte Rheinstrecke gebaut wurde, konnten sich Oestrich und Winkel mit der Bahngesellschaft nicht über die Standorte für Bahnstationen einigen. Also baute die Bahn in dem kleinen Mittelheim einen Bahnhof und nannte ihn Oestrich-Winkel, lange bevor man daran dachte, die drei Gemeinden im Rahmen der Gebietsreform zu vereinigen.
Auf der Gemarkung von Oestrich-Winkel liegt auch Schloss Vollrads. 1975 hatte Erwein Graf Matuschka-Greiffenclau den hoch verschuldeten Besitz übernommen, doch es sollte ihm nicht gelingen, ihn finanziell zu sanieren. Als die Hausbank die Eröffnung des Konkursverfahrens beantragte, wählte der Graf den Freitod. Seit dieser Zeit gehört der Besitz der Nassauischen Sparkasse, die das Schloss mitsamt der Weinberge und einem Restaurant bewirtschaftet. Mit Mitteln des Landes Hessen, eines Fördervereins und der Deutschen Stiftung Denkmalschutz wurden 2011 die Ledertapeten des Herrenzimmers vom Beginn des 18. Jahrhunderts restauriert. Weite Teile des Schlosses sind allerdings, außer im Rahmen von Veranstaltungen, für die Öffentlichkeit nicht zugänglich.
Am Ortsrand von Erbach, zu Eltville gehörig, liegt Schloss Reinhartshausen. Marianne von Preußen, Tochter des Königs Wilhelm I. der Niederlande, hatte es 1855 erworben, nachdem sie sich aufgrund eines Seitensprungs von ihrem Gatten getrennt hatte. Sie war für ihre Zeit eine ungewöhnliche und fortschrittlich denkende Frau – Reinhartshausen machte sie zu

Vom Neroberg reicht der Blick über Weinberge auf historistische Villen im Nerotal. Man könnte fast denken, die süßen Trauben würden direkt in die Schüsseln der dort Residierenden wachsen...

einem kulturellen Anziehungspunkt am Rhein. Ein Teil ihrer Sammlung von über 600 Gemälden befindet sich immer noch im Schloss, das heute ein komfortables Hotel beherbergt.

Ein Hotel war auch in Lorch geplant, doch daraus wurde nichts. Als bekannt wurde, dass das Mittelrheintal in die UNESCO-Weltkulturerbeliste aufgenommen werden sollte, wurde das seit einigen Jahren leerstehende „Hilchenhaus", der bedeutendste Renaissance-Bau dieser Region, zum Spekulationsobjekt. Die wertvolle Zehntscheune aus dem 18. Jahrhundert musste mit Genehmigung des Denkmalschutzes weichen, es wurde ein viergeschossiger Hotel-Rohbau hochgezogen. Nach dem Konkurs des Investors gab es zwei „Ruinen": den Rohbau und den Altbau. Nun wurde Ersterer abgerissen und das „Hilchenhaus" behutsam saniert, auf dass es wieder, wie in den guten alten Zeiten, Gäste empfangen könne...

Zukünftig ist das Erdgeschoss mit dem „Hilchenkeller" und einem Küchenbereich für gastronomische Nutzungen vorgesehen. Im ersten Obergeschoss wird es den „Rittersaal" für private und kulturelle Veranstaltungen geben sowie ein Standesamt: dem „Heiraten im Weltkulturerbe" steht dann nichts mehr im Wege. Darüber soll ein Museum eingerichtet werden, in dem man unter anderem interessante Informationen zum historischen „Freistaat Flaschenhals" finden wird – der Name hat, untypisch für den Rheingau, nichts mit Wein zu tun. Von 1919 bis 1923 war ein schmaler Streifen zwischen dem Rhein und der preußischen Provinz Hessen-Nassau im Nordwesten des Rheingaus von den Alliierten unbesetzt geblieben, annähernd in der Form eines Flaschenhalses.

Seite 22/23:
Die katholische Pfarrkirche Heilig Kreuz in Assmannshausen wurde im 14. Jahrhundert erbaut. Der Ort selbst wurde jedoch bereits 1108 erstmals urkundlich erwähnt.

Seite 24/25:
Die „Gute Stube" von Wiesbaden, der Schlossplatz, kann – auf dem Bild von links nach rechts – mit dem Schloss, der Marktkirche und dem Rathaus aufwarten. Den Mittelpunkt bildet der Marktbrunnen, der nicht nur eine Augenweide ist, sondern im Sommer auch eine erfrischende Abkühlung bietet.

Wiesbaden – ein „Nizza des Nordens"

Der Luisenplatz ist in Wiesbaden nicht nur einer der zentralen Busknotenpunkte, hier wird auch militärischer Ehren gedacht. Das „Denkmal mit springendem Pferd" von 1934 erinnert an das „1. Nassauische Feldartillerie-Regiment Nr. 27 Oranien", im Hintergrund ist der Waterloo-Obelisk zu sehen – und ganz hinten die neugotische katholische Bonifatiuskirche.

Wiesbaden ist nicht nur eine der wärmsten Städte Deutschlands, sondern mit seinen vielen Parks auch sehr „grün". Sie – und nicht etwa Frankfurt – wurde zur hessischen Landeshauptstadt, weil Eisenhower dies am 12. Oktober 1945 bei seiner Gründung des Landes Groß-Hessen so verfügte, und dabei blieb es auch nach der Gründung des Landes Hessen im Jahr 1946, da in der Verfassung keine Hauptstadt bestimmt worden war.

Die Stadt liegt direkt gegenüber von der rheinland-pfälzischen Landeshauptstadt Mainz und bildet mit ihr eine Großregion, in der allerdings auch nicht alles Gold ist, was glänzt: Die rechtsrheinischen und ehemals zu Mainz gehörenden Stadtteile Amöneburg, Kastel und Kostheim (kurz: AKK) bilden eine Besonderheit, die ihresgleichen sucht. Denn es sind jetzt Wiesbadener Stadtteile mit dem vorangestellten Zusatz „Mainz".

In der Innenstadt lässt es sich gut leben und flanieren, sie weist wie kaum eine andere ein fast völlig geschlossenes Stadtbild aus der Zeit des Historismus und des Jugendstils auf. Prächtige Bürgerhäuser prunken oftmals mit Erkern und hohen Stuckdecken. Manche Luxushotels haben gar eine eigene Thermalquelle und nicht nur die Gäste der Stadt können versuchen, ihr Vermögen in der Spielbank zu vermehren – wenn nur genügend „Glück im Spiel" ist. Entspannung pur bietet die Kaiser-Friedrich-Therme. Doch auch bei einem Bummel durch die Stadt kommt man immer wieder an Brunnen vorbei. Hier ist zuweilen Vorsicht geboten. Nicht jedes Nass ist eine Erfrischung, wie der Kochbrunnen zeigt, der aufgrund des heißen Wassers seinem Namen alle Ehre macht. Vom Neroberg bietet sich eine herrliche Aussicht auf den Rhein und den Rheingau und auf der Terrasse von Schloss Biebrich kann man sich fast schon wie in Nizza fühlen.

Beim Blick vom Rathaus auf das Stadtschloss von Wiesbaden sticht nicht zuletzt das im Boden eingelassene Preußenwappen ins Auge. Beim „Deutschen Krieg" zwischen Preußen und Österreich wurde Nassau zum österreichischen Verbündeten – als Partei der unterlegenen Seite wurde es 1866 von Preußen annektiert und Wiesbaden verlor den Status als Landeshauptstadt. Die Stadt wurde daraufhin von Preußen als Kurbad, Kongressstadt und Verwaltungssitz ausgebaut und erlebte einen großen Aufschwung. Kaiser Wilhelm II. weilte hier gerne zur Sommerfrische und im Gefolge seines Hofstaates kamen zahlreiche Adelige, Künstler und wohlhabende Unternehmer in die Stadt und ließen sich hier auch zunehmend nieder. Im Schloss befinden sich heute Repräsentationsräume. Die alte Reithalle wurde 1960 abgerissen. An ihrer Stelle entstand später der heutige spektakuläre Neubau als Sitz des Hessischen Landtags.

Unten:
Bei den Führungen durch das Wiesbadener Stadtschloss kommt man unter anderem im ersten Obergeschoss des linken Schlossflügels in den „Roten Salon", das Tee- und Gesellschaftszimmer der ehemaligen herzoglichen Wohnung. Ausgestattet ist dieser Raum auch mit „Causseusen" (frz. „causer" für plaudern): das sind zweisitzige Sofas, auf denen sich die Gesprächspartner einander zuwenden müssen.

Rechts und ganz unten:
Das Kabinettzimmer im Mittelbau des Stadtschlosses ist in Blau gehalten und mit englischen Möbeln aus der Zeit um 1840 ausgestattet. Heute darf es der hessische Ministerpräsident während der Sitzungen nutzen. Sehenswert ist auch das Haupttreppenhaus, das von Gaslaternen erleuchtet wurde. Streng gegliederte Kassetten schmücken das Tonnengewölbe – das Treppengeländer besteht aus feuervergoldeter Bronze und zeigt das Wappen der nassauischen Herzöge.

Seite 32/33:
1853 bis 1862 wurde die neugotische Marktkirche als evangelische Hauptkirche der hessischen Landeshauptstadt nach einem Brand des Vorgängerbaus an anderer Stelle errichtet. Der Neubau sollte dem Repräsentationsbedürfnis der nassauischen Residenz und aufstrebenden Kurstadt entsprechen und wurde nicht mehr in der beengten Altstadt sondern am Schlossplatz erbaut.

Die Gestaltung des Dern'schen Geländes, eines großen Platzes im Zentrum von Wiesbaden, ruft schon seit hundert Jahren unterschiedliche Meinungen auf den Plan. Außer dem Wochenmarkt finden auf ihm die Rheingauer Weinwoche und andere Feste statt – unter ihm befinden sich eine Tiefgarage sowie eine historische Markthalle.

Ganz links:
Als ältestes erhaltenes Gebäude von Wiesbaden gilt das Alte Rathaus, das 1610 im Stil der Renaissance errichtet wurde. Bei der neugotischen Umgestaltung 1828 wurden neue Reliefs geschaffen für die Tugenden Stärke, Gerechtigkeit, Nächstenliebe, Klugheit und Mäßigung – und hier kann man sich heute im Standesamt trauen (lassen) und dann im Weinkeller des Untergeschosses „versacken"...

Der Brunnen vor dem Hessischen Landtag in Wiesbaden wird geschmückt vom Stadtwappen mit drei Lilien, was auf das französische Königswappen der Bourbonen verweist. Im Herzschild ist der nassauische Löwe zu sehen.

Das neue Rathaus von Wiesbaden, das die Stadtverwaltung beherbergt, war bei seiner Errichtung 1887 im Stil der Neo-Renaissance gehalten. Die Fassade wurde beim Wiederaufbau 1951 umgestaltet.

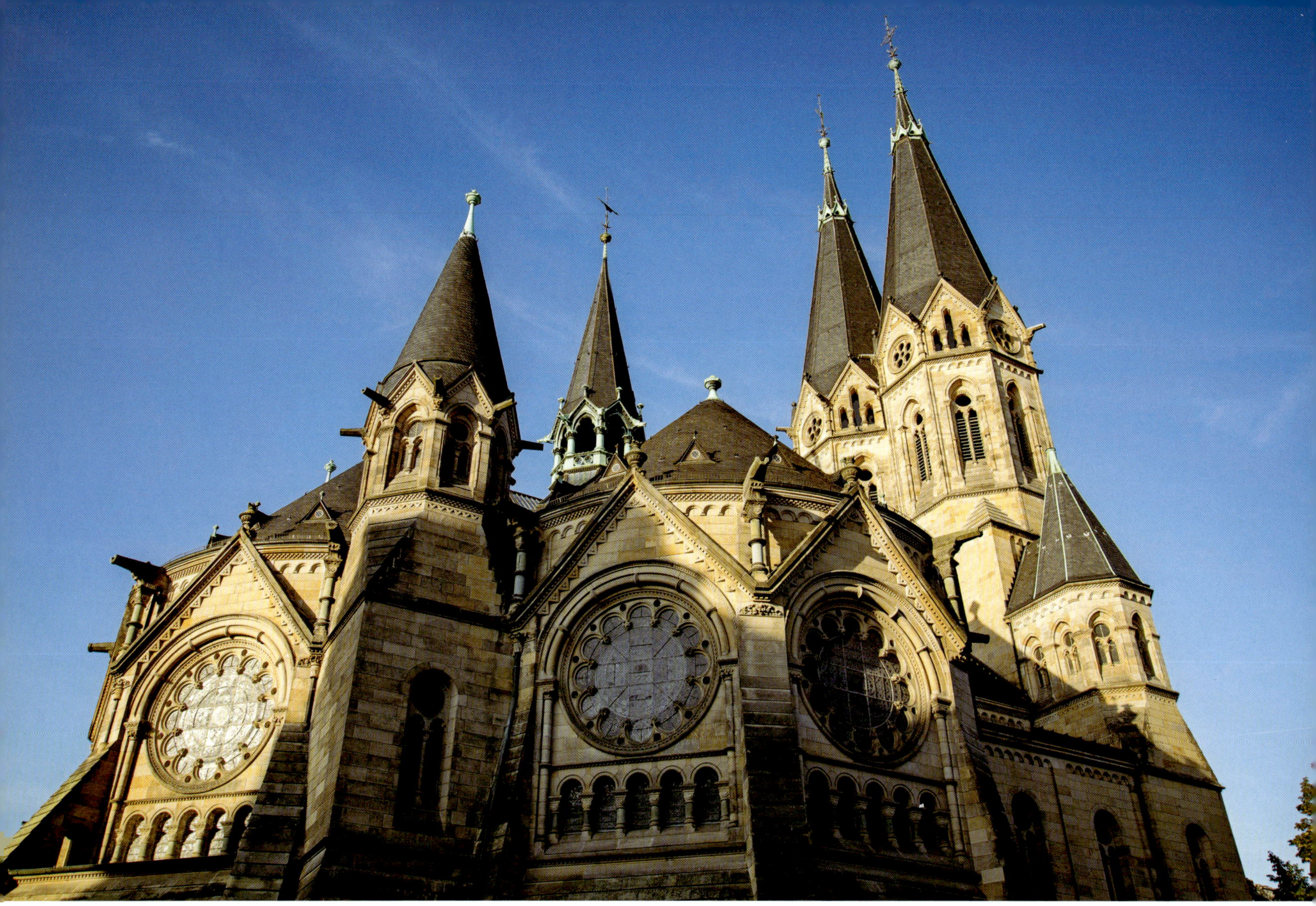

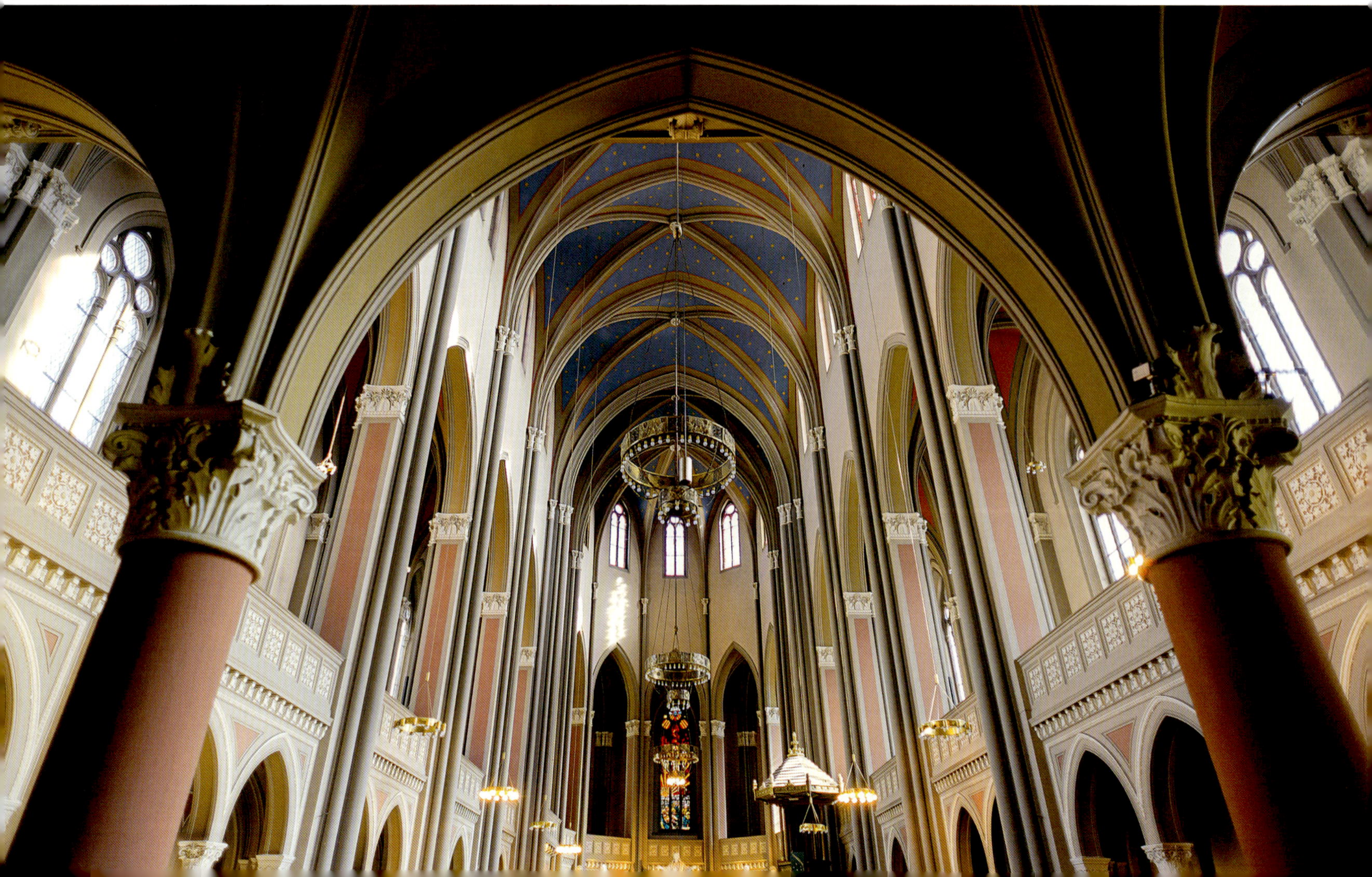

Links:
Die neoromanische Ringkirche von Wiesbaden war das erste protestantische Gotteshaus Deutschlands, das 1892 bis 1894 nach dem sogenannten „Wiesbadener Programm" errichtet wurde: es orientierte sich an Martin Luthers Forderungen nach einem „Priestertum aller Gläubigen". Bis zum Ende des Ersten Weltkriegs diente dieser funktionale Zentralbau als Vorbild für viele evangelische Kirchen des Landes.

Unten:
Historismus pur: ziemlich theatralisch kommt die Wiesbadener Ringkirche daher. Inmitten der Kanzelwand unterhalb der Sängerempore befindet sich eine halbrunde Nische mit dem Altar.

Unten:
Aufgrund der stark gestiegenen Einwohnerzahl von Wiesbaden wurde 1907 bis 1910 als vierte protestantische Kirche die Lutherkirche errichtet. Sie ist dem Jugendstil ebenso verpflichtet wie dem „Wiesbadener Programm".

Links:
Das Innere der Wiesbadener Marktkirche kann mit beeindruckenden Maßen aufwarten: einer Länge von 50 Metern, einer Breite von 20 Metern und einer Höhe von 28 Metern. Typisch für den Historismus und weniger für die protestantische Konfession ist die Ausschmückung, zum Beispiel mit kunstvoll gearbeiteten Kapitellen.

Links:
Am repräsentativen Boulevard Wiesbadens, der Wilhelmstraße, befindet sich unter anderem das ehemalige Hotel Bellevue. Die einseitig baumbestandene Prachtstraße ist geprägt von ihren Fassaden im Stil des Historismus und des Jugendstils.

Unten:
Hier ließ es sich und lässt es sich noch immer fürstlich logieren: das ehemalige Palasthotel beherbergte früher berühmte Persönlichkeiten und dient heute als sozialer Wohnungsbau. Es entstand in den Jahren 1903 bis 1905 anstelle zweier alter Badehäuser. Beim Ausschachten stieß man auf die Überreste einer römischen Thermenanlage, die belegen, dass man hier bereits vor zweitausend Jahren in heißem Wasser badete.

Oben:
Das Luxushotel „Nassauer Hof" in der Wilhelmstraße war 2005 das erste Hotel Deutschlands in der Klasse „5 Sterne Superior". Das hoteleigene Schwimmbad wird von einer eigenen Thermalquelle, der Spiegelquelle, gespeist, und das Restaurant die „Ente" wird seit 1979 ununterbrochen von einem Michelin-Stern bekrönt.

Choco-Lina
Schafmilchseifen
Am Bäckerbrunnen
Schafmilchseifen
Bäckerbrunnen

Den „Bäckerbrunnen" (linke Seite) in der Grabenstraße gibt es seit dem 18. Jahrhundert. Er hat seinen Namen daher, dass hier früher die Bäcker und Metzger des umliegenden Viertels das Brauchwasser für ihr Handwerk holten. Da es mit 49 Grad aus dem Hahn floss, ersparte man sich teures Brennholz. Anfangs kostete ein Fünfzig-Liter-Fass drei Pfennig, 1909 wurde der Preis auf sieben Pfennig angehoben. Es handelt sich um ein Heilwasser, dem stabilisierende Wirkung nachgesagt wird – dieses hat zwar nur einen geringen aber messbaren Arsengehalt, weshalb es mit Vorsicht zu genießen ist. In der Grabenstraße findet man auch eine Altstadtkneipe namens „Bäckerbrunnen" – in dieser Straße (links unten) gibt es darüber hinaus ebenso wie in der Webergasse (links oben) eine bunte Vielfalt von Cafés, Kneipen und Läden, die zum Bummeln und Ausruhen einladen.

Die Frankfurter Rundschau berichtete im Oktober 2011, dass sich die Prominenz Wiesbadens in einer ganz besonderen Institution der Stadt eingefunden habe – dem Café Maldaner (Bild oben) in der Marktstraße. Übertitelt mit „A bisserl Wien in Hessen" wurde nicht nur über die verführerischen süßen Köstlichkeiten in der Glastheke und auf den Tellern oder den Kaffeeduft in der Luft berichtet: Anlass war die Auszeichnung „Original Wiener Kaffeehaus". Zum Überreichen der Urkunde war extra Kommerzialrat Querfeld angereist – und das ist ein denkwürdiges Ereignis, denn es fand hier zum ersten Mal in Deutschland statt ... Gleich um die Ecke von der Marktstraße liegt die Mauergasse (Bild unten), ein beliebter Treffpunkt der Wiesbadener Szene. Meist inhabergeführte Geschäfte stellen bei schönem Wetter Tische mit ihren Angeboten auf die Gasse, man gesellt sich bei einem Cappuccino zusammen und plauscht über Gott und die Welt – mediterranes Flair mitten in Wiesbaden ...

Oben und links:
In der Goldgasse haben sich – natürlich – auch Goldschmiedeateliers angesiedelt: ihre offenen Werkstätten gewähren Einblicke in ihre filigrane Kunst. Der Name der Gasse verweist auf die „Goldener-Brunnen-Quelle" – wie auch beim Hotel Goldener Brunnen: Hier verwöhnt das Café Wenzel seine Gäste.

Ganz links:
Die Grabenstraße verläuft zwischen Marktstraße und Goldgasse. Der Blick hier geht in Richtung Letzterer. Parallel zur Grabenstraße verläuft die Wagemannstraße, ebenfalls in einem kleinen Bogen – diese beiden Straßenzüge sind zusammen einem „Schiffchen" nicht unähnlich, weshalb die ganze Altstadt diesen Namen erhielt.

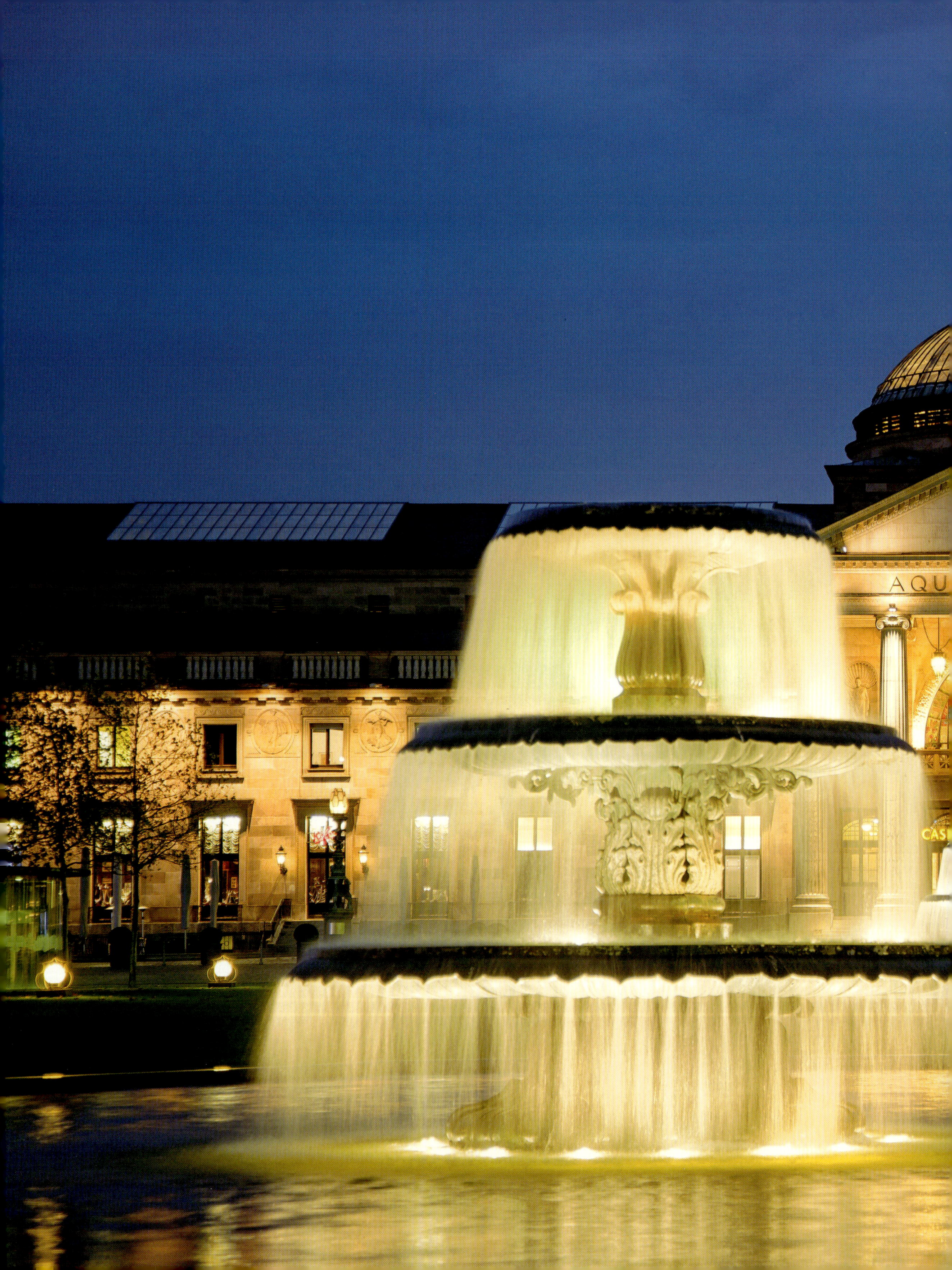

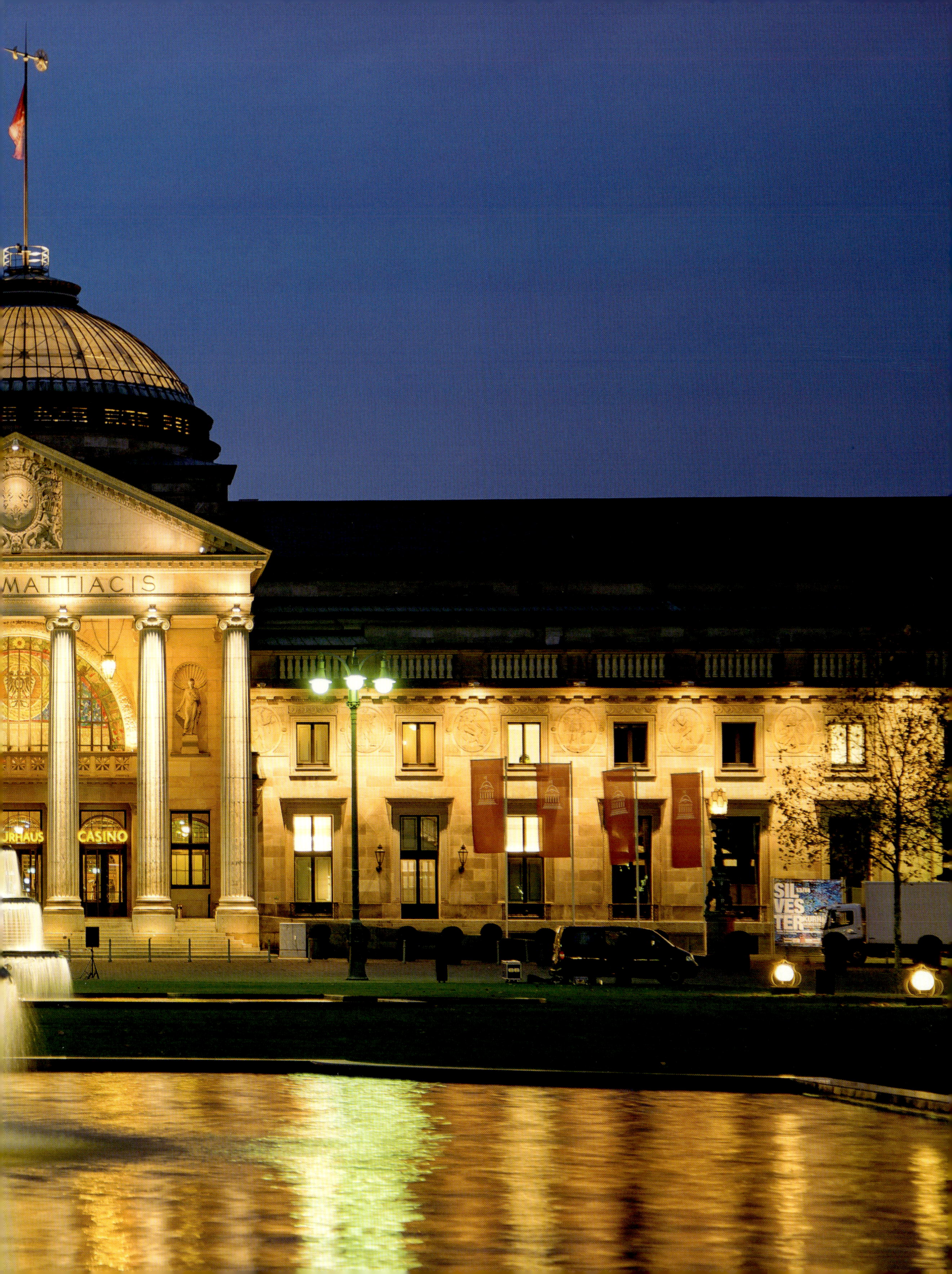
MATTIACIS
CASINO

Oben und rechts:
Das Wiesbadener Kurhaus verfügt über zwei Kolonnaden, die Theater- und die Kurhauskolonnaden. Letztere gelten mit 129 Metern als längste Säulenhalle Europas. Vor dem Haupteingang befindet sich das „Bowling Green", eine von den englischen Kurgästen seinerzeit so genannte Rasenfläche mit zwei Springbrunnen.

Seite 44/45:
Das Kurhaus von Wiesbaden ist der gesellschaftliche Mittelpunkt der hessischen Landeshauptstadt und gilt als einer der prunkvollsten Festbauten Deutschlands. Neben repräsentativen Festsälen beherbergt es unter anderem einen gastronomischen Betrieb von Gerd Käfer sowie das Casino.

Oben:
Das Foyer des Kurhauses wird von einer 21 Meter hohen Kuppel überragt. „Bewacht" wird diese Halle von überlebensgroßen Kopien griechischer Götterstatuen. Die runden Mosaikmedaillons über den Statuen zeigen farbige Darstellungen aus der römischen Götterwelt. Dazu zählen Apollon, der Gott des Lichts und der sittlichen Reinheit, die Jagdgöttin Diana sowie die Liebesgöttin Venus.

Links:
Ein Mosaikbild im Foyer des Kurhauses zeigt Neptun. Dieser römische Gott war ursprünglich vermutlich der Gott der springenden Quellen – eine wichtigere Gottheit könnte man sich für Wiesbaden kaum vorstellen …

Literatur – von Goethe bis zur „Entdeckung der Langsamkeit"

Im Westen geht der Rheingau in das UNESCO-Weltkulturerbe Oberes Mittelrheintal über – mithin also von den lieblichen Hügeln zu den schroffen Felswänden des tief eingeschnittenen Rheintals. Nachdem die dichtenden Romantiker diese Landschaft für sich und für ihre Bücher entdeckt hatten, ging es mit dem „Fremdenverkehr" stetig bergauf, teilweise so „steil", dass sich die Gastwirte nur noch die Hände reiben konnten angesichts des zu erwartenden Reibachs. Auch der Reisende in Sachen Literatur schlechthin, Johann Wolfgang von Goethe, schätzte die abgeschiedene Lage ebenso wie den süffigen Wein. Er war gerne zu Gast im heutigen Brentanohaus in Winkel und genoss die Gastfreundschaft.

Hier verfasste er unter anderem einen Teil seiner „Italienischen Reise", und das Schlafzimmer, in dem er übernachtete, weist bis heute eine nahezu perfekt erhaltene Tapete mit leuchtenden Blaufarben auf. Eigentlich hätten sie längst verblasst sein müssen, doch bei einer Untersuchung stellte sich heraus, dass die Farben unter Beigabe des giftigen Schweinfurter Grüns hergestellt worden waren. Der Geheime Rat galt als schwieriger und launischer Gast. Nach seinem frühen Aufstehen begab er sich auf einen Spaziergang in den Garten – wenn er dabei gestört wurde, konnte man auf jeden Fall mit seiner schlechten Laune rechnen. Wenn er sonst gerne dem Frankenwein zusprach, dann tat er sich hier – in nennenswerten Mengen – am örtlichen Riesling gütlich.

Clemens Brentano, der „Hausherr" und Hauptvertreter der Rheinromantiker, hielt sich nur selten in diesem Haus auf. Seine Schwester Bettina von Arnim war wohl vernarrt in den Gast aus Weimar, was dieser als so lästig empfand, dass er sich ihren Aufenthalt im Haus während seiner Besuche verbat. Es spricht für die Berühmtheit eines der größten deutschen Sprachgenies, dass ihm diese Bitte gewährt wurde. Da er als „Ideengeber" für das heutige „Museum Wiesbaden" fungierte, wurde ihm zu Ehren vor demselben ein Denkmal errichtet, das ihn mit nacktem Oberkörper zeigt.

Aus dem Rheingau stammen soll ein Mann, der es ebenfalls zu Berühmtheit gebracht hat. „Felix Krull" wurde hier Mitte der 1870er-Jahre in einer Kleinstadt geboren – sein Vater war Lebemann und Fabrikant eines Schaumweins, dessen „Verschönerung" über die miserable Qualität hinwegtäuschen sollte. Das ist natürlich alles nur Fiktion, denn angesiedelt ist die Geschichte just in jener Zeit, in der der Rheingauer Wein weltweit Beachtung wegen seiner Qualität erzielte. Doch eine andere „schillernde Figur" aus Wiesbaden und dem Rheingau ist auch der 1939 in der hessischen Landeshauptstadt geborene Volker Schlöndorff, der sich vor allem mit seinen Literaturverfilmungen einen Namen machte. Seine Verfilmung des Romans „Die Verwirrungen des Zöglings Törleß" von Robert Musil gilt als erster internationaler Erfolg des jungen deutschen Films.

Die große Liebe

Im Rheingau im Allgemeinen und im Brentanohaus im Besonderen zu Hause war auch eine heute fast vergessene Dichterin der Romantik, Karoline von Günderrode (1780–1806). Ihre erste große Liebe, Friedrich Carl von Savigny, führte sie in den Kreis der Romantiker ein; ihre zweite und letzte große Liebe, Friedrich Creuzer, schätzte die Brentano-Familie nicht, weshalb Karoline von Günderrode kurz vor ihrem Tod den Kontakt zu Bettina von Arnim abrupt abbrach. „Nur das Wilde, Große, Glänzende gefällt mir. Es ist ein unseliges, aber unverbesserliches Mißverhältnis in meiner Seele; und es wird und muß so bleiben, denn ich bin ein Weib und habe Begierden wie ein Mann, ohne Männerkraft. Darum bin ich so wechselnd und uneins mit mir." Kurz nach dieser für eine Frau der damaligen Zeit ungewöhnlichen Aussage erdolchte sie sich am Ufer des Rheins – ihre Grabstätte im Friedhof von Winkel wird auch heute noch von Literaturkennern in stiller Andacht aufgesucht.

Neben den „Wiesbadener Literaturtagen" gibt es auch das „Rheingauer Literatur Festival". Einer der Preisträger war im Jahr 2012 Sten Nadolny, bekannt vor allem für seine „Entdeckung der Langsamkeit", die aus der Zeit gefallen scheint und doch so gut in diese Region passt. Neben dem Preisgeld erhielt er, wie alle anderen Preisträger auch, 111 Flaschen besten Rheingauer Weins: Er wird sie sich langsam und genüsslich zu Gemüte geführt haben.

Links:
Fjodor Michailowitsch Dostojewski (1821–1881) frönte seiner Spielsucht auch in Wiesbaden und verhalf ihr zu internationaler Berühmtheit – bei seinem ersten Besuch 1863 erspielte er einen hohen Gewinn, 1865 verlor er seine ganze Reisekasse und 1866 schuf er hier in nur 26 Tagen seinen Kurzroman „Der Spieler".

Oben:
Das Brentanohaus im Rheingauer Ort Winkel gilt als eines der Zentren der Rheinromantik und ist weitgehend noch mit Originalmöbeln ausgestattet – zu den berühmten Gästen zählten neben Goethe, der hier einen Teil seiner „Italienischen Reise" verfasste, auch die Brüder Grimm.

Rechts oben:
Bettina von Arnim (1785–1859) war eine Tochter des Großkaufmanns Peter Anton Brentano mit seiner zweiten Frau Maximiliane von La Roche und gilt als bedeutende Vertreterin der deutschen Romantik.

Rechts Mitte:
Der Maler Georg Melchior Kraus (1737–1806), Schüler Tischbeins des Älteren, unterrichtete seinen Freund Goethe über die Verhältnisse in Weimar, noch bevor dieser vom Herzog dorthin eingeladen worden war – hier sein Porträt des berühmten Dichters aus den Jahren 1775/76.

Rechts:
Clemens Wenzeslaus Brentano de La Roche (1778–1842), ein Bruder von Bettina von Arnim, war neben seinem Schwager Achim von Arnim ein Hauptvertreter der sogenannten Heidelberger Romantik – man schreibt ihn nicht als „Clemens von Brentano", denn dieser Diplomat war nur sehr entfernt mit ihm verwandt.

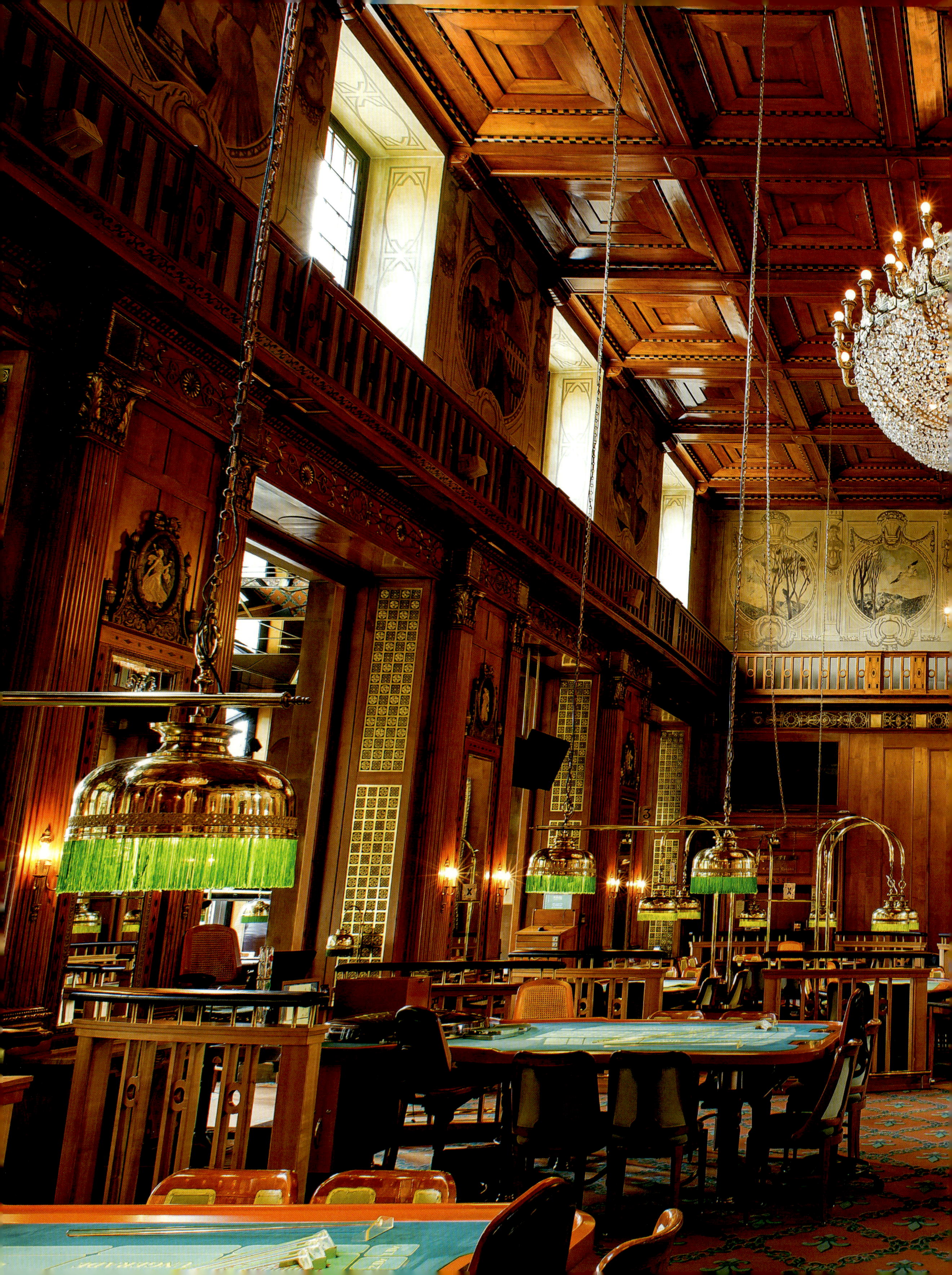

X-MAS
Poker-Festival

Seite 50/51:
Die Spielbank Wiesbaden scheint aus der Zeit gefallen zu sein ... Hier holte sich der berühmte russische Schriftsteller Dostojewski Anregungen für seinen „Spieler".

Unten:
Die ganze Welt ist eine große Bühne – das trifft nicht zuletzt auf das Kurhaus mitsamt dem Hessischen Staatstheater zu. Die Inschrift „Aquis Mattiacis" verweist auf den alten römischen Namen von Wiesbaden.

Rechts:
Beim Bau des Theaters unter Federführung Kaiser Wilhelms II. war einst auch Manfred Semper, ein Sohn des berühmten Gottfried Semper, mit von der Partie.

Oben:
Bei den glanzvollen Theateraufführungen im Staatstheater ist „tout Wiesbaden" auf den Beinen, die sich sehen lassen können: Damen, die auf sich halten, haben aus diesem Anlass das beste (und mitunter kürzeste) „Kleine Schwarze" aus dem Schrank geholt ...

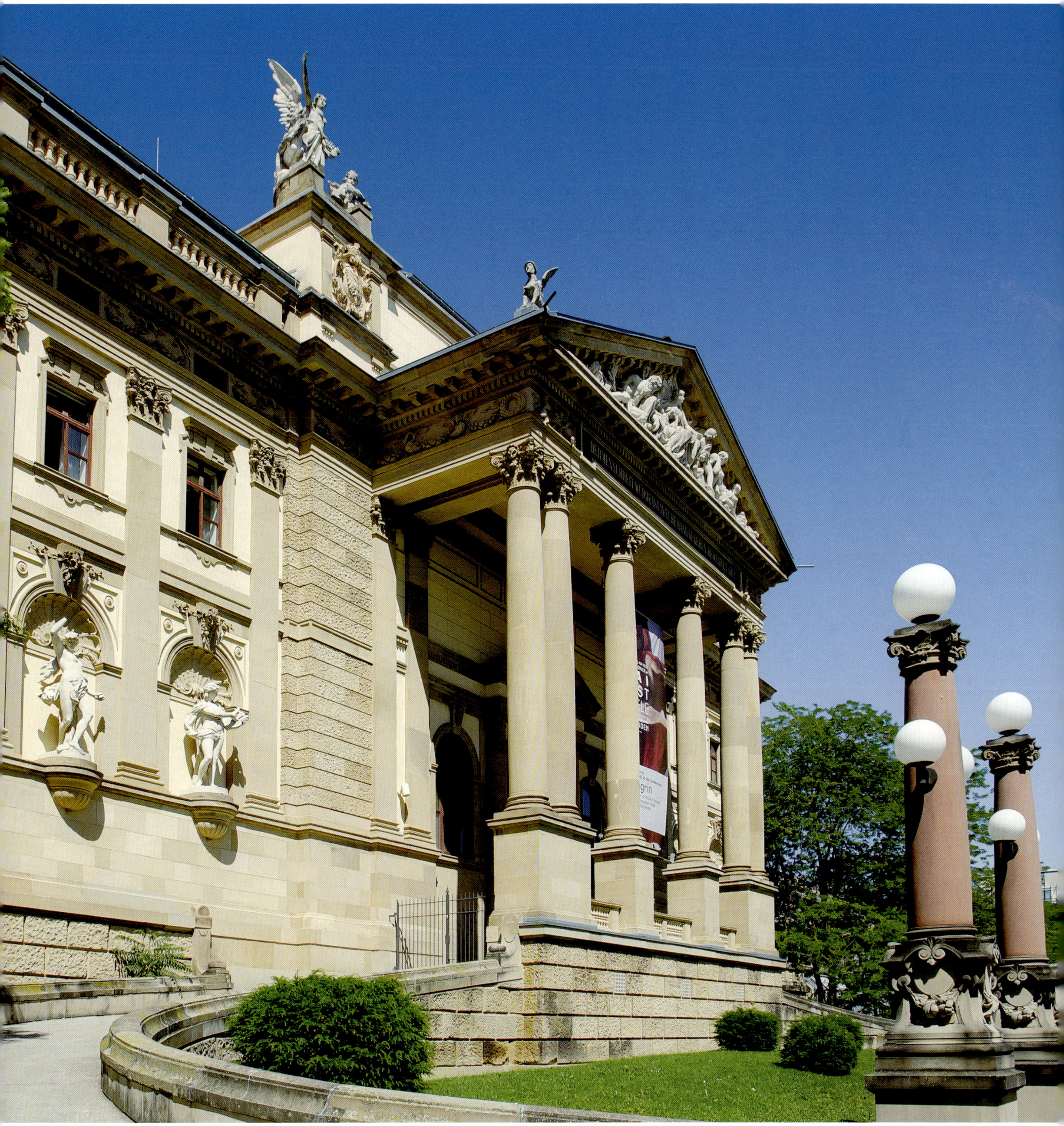

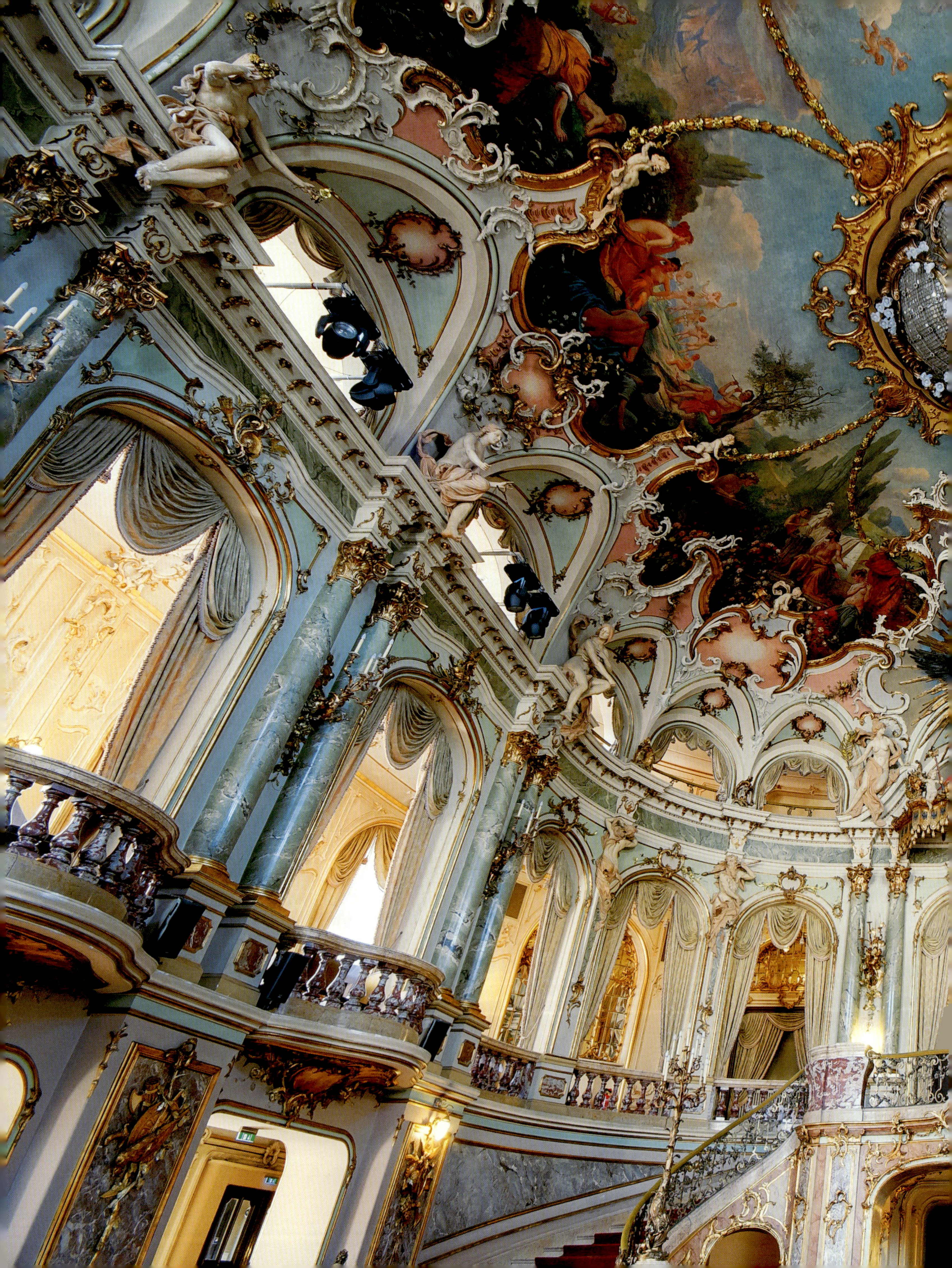

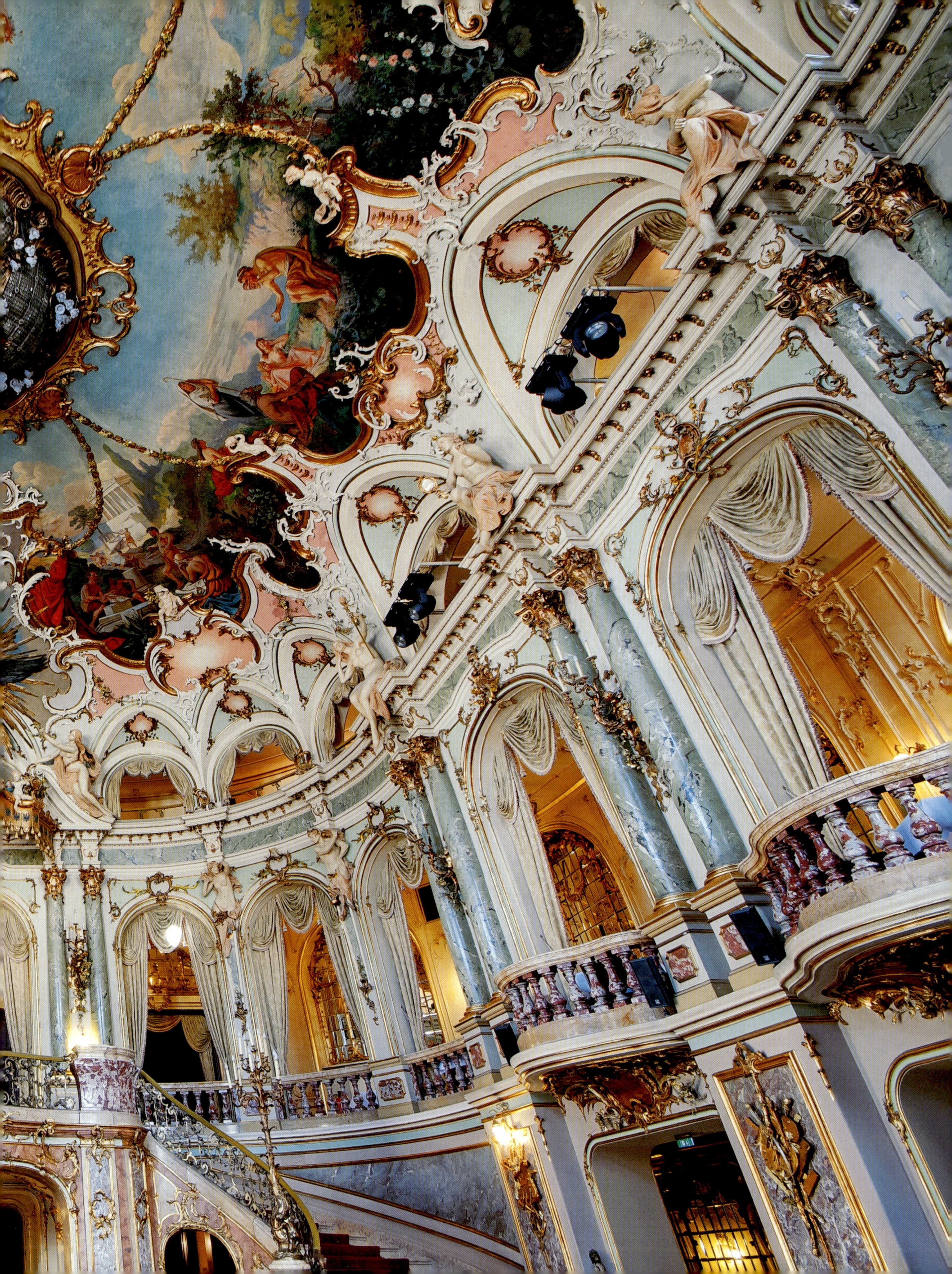

Auf einer Fläche von 75 000 Quadratmetern erstreckt sich der Kurpark in einem engen Tal vom Kurhaus in der Innenstadt bis in den Stadtteil Sonnenberg. Umsäumt wird das Tal an den Hängen von großen Villengebieten aus der Gründerzeit. Hier fanden schon Konzerte statt, von Sting oder von Patricia Kaas, aber auch der Dalai Lama sprach hier vor 10 000 Zuschauern.

Seite 54/55:
Überreich neobarock dekoriert – so präsentiert sich das Foyer des Hessischen Staatstheaters. Der preußische Adler darf hier ebenso wenig fehlen wie Palmwedel und Lorbeerkranz.

Wie der Kurpark ist auch der „Warme Damm" eine Oase der Ruhe und Erholung in Wiesbaden. Angelegt wurde er 1859/60 im Stil eines englischen Landschaftsgartens. Sein Name geht auf einen Teil der Stadtbefestigung zurück, denn in einem Weiher, der auch als Pferdeschwemme genutzt wurde, sammelten sich die Abflüsse der 26 Thermalquellen – und dieser gehörte zu einer Reihe von Gräben, die einst zum Schutz der Stadt angelegt worden waren.

Oben:
Das Museum Wiesbaden ist – neben den Standorten in Darmstadt und Kassel – eines der drei Hessischen Landesmuseen. Mit dem heutigen Bau wurde vor dem Ersten Weltkrieg begonnen, architektonisches Vorbild war dabei unter anderem die Pfalzkapelle in Aachen.

Rechts:
Als Johann Wolfgang von Goethe 1814/15 in Wiesbaden zur Kur weilte, unterstützte er die Bürger der Stadt beim Bestreben – ursprünglich drei – Museen zu gründen: das heutige „Museum Wiesbaden". Eine Statue, die ihn mit nacktem Oberkörper zeigt, erinnert an ihn.

Oben:
Das Museum Wiesbaden verfügt über eine der bedeutendsten Sammlungen des russisch-deutschen Malers Alexej von Jawlensky (1864–1941), der zum Umkreis des „Blauen Reiters" gezählt wird. Er lebte die letzten 20 Jahre in Wiesbaden und wurde hier auf dem Russisch-Orthodoxen Friedhof auf dem Neroberg bestattet.

Links:
Neben den umfangreichen Kunstsammlungen (im Bild ein Gemälde von Anselm Feuerbach) ist das Museum Wiesbaden auch für seine naturhistorischen Sammlungen bekannt. Dazu gehört unter anderem ein großes und vollständiges Exemplar eines Ichthyosauriers von Holzmaden.

59

Oben:
Der Wiesbadener Hauptbahnhof zählt zu den großen Kopfbahnhöfen Deutschlands. Er wurde 1904 bis 1906 nach den Plänen von Fritz Klingholz, einem Experten für Bahnhofs-Empfangsgebäude, in neobarocken Formen errichtet, was dem damaligen Repräsentationsbedürfnis der Kurstadt entsprach.

Rechts:
Das ehemalige Grand Hotel Rose am Kranzplatz aus der Gründerzeit stand jahrelang leer. Das imposante Gebäude wurde denkmalgerecht saniert und dient heute als Sitz der Hessischen Staatskanzlei – hier residiert also der Ministerpräsident und hier finden auch die Kabinettsitzungen der Landesregierung statt.

Links:
Zum „Aktiven Museum Spiegelgasse für Deutsch-Jüdische Geschichte in Wiesbaden e.V.", AMS, gehören die Häuser Nr. 9 und Nr. 11. Letzteres ist das älteste noch erhaltene jüdische Wohnhaus Wiesbadens; Ersteres war ein jüdisches Badehotel, mit einer Mikwe – heute beherbergt es unter anderem das „Pariser Hoftheater".

Oben:
Die Villa Clementine an der Ecke Wilhelmstraße/ Frankfurter Straße kann auf eine wechselvolle Geschichte zurückblicken. Hier wurden Teile von Thomas Manns „Buddenbrooks" gedreht; heute dient es als Literaturhaus und ist Sitz des Wiesbadener Presseclubs.

Rechts:
Schlossähnliche Villen findet man in Wiesbaden allerorten. Dieses eindrucksvolle Anwesen in der Bierstadter Straße liegt in der ehemals gleichnamigen selbständigen Gemeinde unmittelbar östlich der Innenstadt – sie wurde schon 1928 eingemeindet und hat heute als Stadtteil ungefähr 12 000 Einwohner.

Oben:
Das Nerotal gilt als eines der gehobenen Wohngebiete Wiesbadens. Hochherrschaftliche gründerzeitliche Villen lassen auch heute noch großbürgerliches Wohnen wie vor über hundert Jahren erahnen.

Links:
Um seiner amerikanischen Frau Emma Pabst ein wenig Heimatgefühl zu vermitteln, ließ der Sektfabrikant Friedrich Wilhelm Söhnlein die „Villa Söhnlein-Pabst" 1903 bis 1906 nach dem Vorbild des Weißen Hauses in Washington errichten. Heute werden die Räume im Erdgeschoss für Veranstaltungen vermietet, das restliche Haus wird privat genutzt.

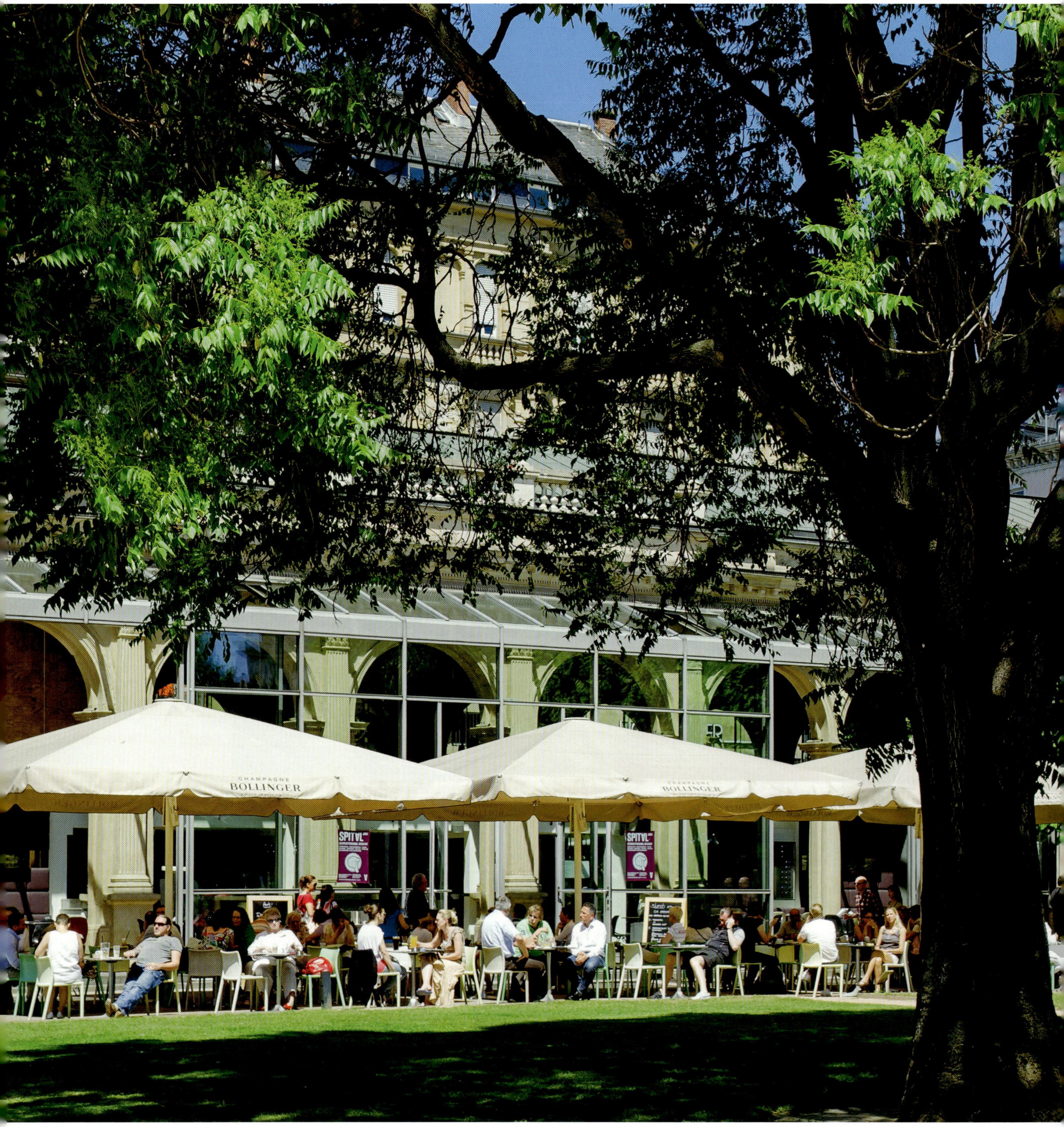
CHAMPAGNE
BOLLINGER
CHAMPAGNE
BOLLINGER
SPITVL
SPITVL

Links und unten:
Der Kochbrunnen am gleichnamigen Platz sowie der benachbarte Kranzplatz sind einer der „heißesten" Orte Wiesbadens. Ringsherum gruppieren sich einige der Wiesbadener Grandhotels. In der ehemaligen Wandelhalle ist heute ein Restaurant untergebracht.

Ganz unten:
Der historische Kochbrunnenpavillon ist ein architektonischer Anziehungspunkt und wird auch „Kochbrunnentempel" genannt. Doch Vorsicht: der Trinkbrunnen spendet kein erfrischendes Nass. Im Gegenteil, sein heißes Wasser riecht schwach nach Schwefelwasserstoff und schmeckt stark salzhaltig. Aber gesund ist es allemal…

Mit allen Wassern gewaschen – Thermal- und Mineralquellen

Das einstige „Weltkurbad" Wiesbaden zählt offiziell 27 Thermal- und Mineralquellen in seinem Stadtgebiet, wovon der kleinere Teil Primärquellen sind und der Rest Sekundärquellen. Von Letzteren gelten allerdings 13 als „außer Betrieb" oder „beseitigt". So gibt es neben der bekannten Thermalquelle „Kochbrunnen" auch die Mineralquelle „Faulbrunnen"; manche Sekundärquellen tragen keine Namen, sondern nur den Standort wie „Goldgasse 1–3" oder „Goldgasse 4", andere sind benannt mit „Goldenes Kreuz", „Goldenes Roß", „Goldener Brunnen" oder „Goldene Kette". Es ist also kein Wunder, dass in Wiesbaden im 19. Jahrhundert dem Hochadel die damaligen „Stars und Sternchen" die Klinke in die Hand gaben, bei all' dem goldglänzenden Gefunkel ...

Doch alles hat auch eine Kehrseite, denn der Reichtum der Stadt an Thermal- und Mineralquellen bedingte im Mittelalter einen Mangel an gutem Trinkwasser innerhalb seiner Mauern: Es gab nur warmes und salziges Wasser, trinkbares musste von Brunnen aus der Feldgemarkung geholt werden. 1564 bis 1566 errichtete man den Marktbrunnen und verlegte dazu eine Wasserleitung von außerhalb mittels ausgehöhlter Baumstämme: Das nächste Unheil war perfekt, denn der Erhaltungsaufwand für die fäulnisanfällige Leitung überstieg die finanziellen Möglichkeiten der Bürger. Heute können zwar das Rathaus sowie Hotels und andere Gebäude der Stadt mit dem Thermalwasser beheizt werden, doch fast die Hälfte des Trinkwassers kommt aus dem Rhein: Es wird aus der am wenigsten belasteten Strommitte entnommen, aufbereitet und nach einer sechswöchigen Bodenpassage wieder zu Tage gefördert.

Während am heutigen Standort von Wiesbaden bereits die Römer im warmen Wasser planschten, wurden die Thermalquellen Schlangenbads erst Mitte des 17. Jahrhunderts entdeckt. 1694 wurde oberhalb der Mündung des „Warmen Bachs" ein Bad angelegt, die Erhebung zur Gemeinde erfolgte 1818. Nach der Veröffentlichung „Bubbles from the Brunnen" 1830 von Francis Head wurden die Taunusbäder – Schlangenbad und Schwalbach – unter Briten populär. Gegenüber Ems oder Wiesbaden hatten sie bis 1845 keinen Standortnachteil: Das änderte sich, als das umständliche Reisen mittels Postkutsche durch die schnellere, bequemere und billigere Eisenbahn ersetzt wurde. Denn hier gab es nicht nur keine Bahnhöfe für das „Stahlross", hier fehlte bald auch der „große Bahnhof" für die High Society.

„Der Spieler"

Mit warmem Wasser allein konnte man die noblen „Fremden" nicht in größerer Zahl in die Abgeschiedenheit des Rheingaus locken: Sie wollten ihr Glück auch im Spiel versuchen. 1709 wurde erstmals eine Konzession zur Errichtung einer Spielstätte an einen Italiener vergeben: Das von ihm errichtete Häuschen ging 1721 an den Mainzer Martin Cetto über. Später wurden mehrere kleine Spielstätten betrieben, die in den frühen 1830er-Jahren von Friedrich Kühnemann geleitet wurden, seines Zeichens Stärkefabrikant und „Hofschornsteinfeger" aus Kassel. Ab 1834 hielt der aus Baden-Baden verdrängte Antoine Chabert die Konzession für alle Spielbanken im Herzogtum Nassau; da er 1845 auf seine Rechte verzichtete, konnte die Spielbank geschlossen werden.

Das Casino von Wiesbaden ist heute im Kurhaus untergebracht: Es besteht aus dem „Großen Spiel" mit Roulette, Black Jack und Poker im ehemaligen Weinsaal sowie dem „Kleinen Spiel" (Automatenspiel) in den angrenzenden Kurhauskolonnaden. Fürst Carl von Nassau-Usingen hatte 1771 ein Privileg für das Glücksspiel in Wiesbaden erteilt – gespielt wurde damals noch in Wirtshäusern. Später kam es zu einer Verschärfung des Glücksspielverbots außerhalb privilegierter Kurorte – Untertanen und Beamten war das Spiel verboten.

Weltberühmt wurde die Wiesbadener Spielbank durch den russischen Schriftsteller Fjodor Michailowitsch Dostojewski (1821–1881), der hier zweimal sein Glück versuchte: Beim ersten Mal zog er mit einem großen Gewinn von dannen, beim zweiten Mal verlor er seine ganze Reisekasse. Diese Erfahrungen flossen in seinen

Links:
Mitte des 17. Jahrhunderts wurden die Thermalquellen Schlangenbads entdeckt, hier eine Ansicht aus der Zeit um 1900.

Oben:
Der Kochbrunnen – hier eine Aufnahme des Kochbrunnenplatzes aus der Zeit um 1900 – ist Wiesbadens bekannteste Thermalquelle, dessen Namen

Roman „Der Spieler" ein, der heute zur Weltliteratur zählt. Eine Anekdote besagt, er habe im „Schwarzen Bock" bei der Abreise „vergessen", seine Zeche zu zahlen – das kann durchaus richtig sein, denn Wiesbaden wurde erst zu Beginn des 20. Jahrhunderts zur Stadt mit den meisten Millionären Deutschlands. Und dazu zählte dieser „Unglücksrabe" sicher nicht.

auf die Wassertemperatur von über 66 Grad zurückgeht; 1366 wurde die Quelle erstmals als „Bryeborn" (Brühborn) und 1536 als „Syedenborn" (Siedeborn) erwähnt.

Rechts oben:
Die Inschrift „Aquis Mattiacis" auf dem Säulenportikus des Kurhauses Wiesbaden bedeutet „den Wassern der Mattiaker (geweiht)" und war die römische Bezeichnung für die an der Stelle des heutigen Wiesbadens befindlichen warmen Quellen.

Rechts Mitte:
Der sogenannte „Kochbrunnenspringer" von Wiesbaden verbraucht nur einen kleinen Teil der Primärquelle; die Hauptmenge wird in das Kaiser-Friedrich-Bad geleitet und dient unter anderem zur Beheizung des Rathauses, der Wohnungen im Palasthotel und des „Weberhofs".

Rechts:
Bad Schwalbach ist die Kreisstadt des Rheingau-Taunus-Kreises; hier wurde von Philipp Hoffmann in den Jahren 1873 bis 1879 im Stil der Neo-Renaissance das ehemalige Kurhaus errichtet, das später unter anderem als Lazarett diente und eine Spielbank beherbergte.

67

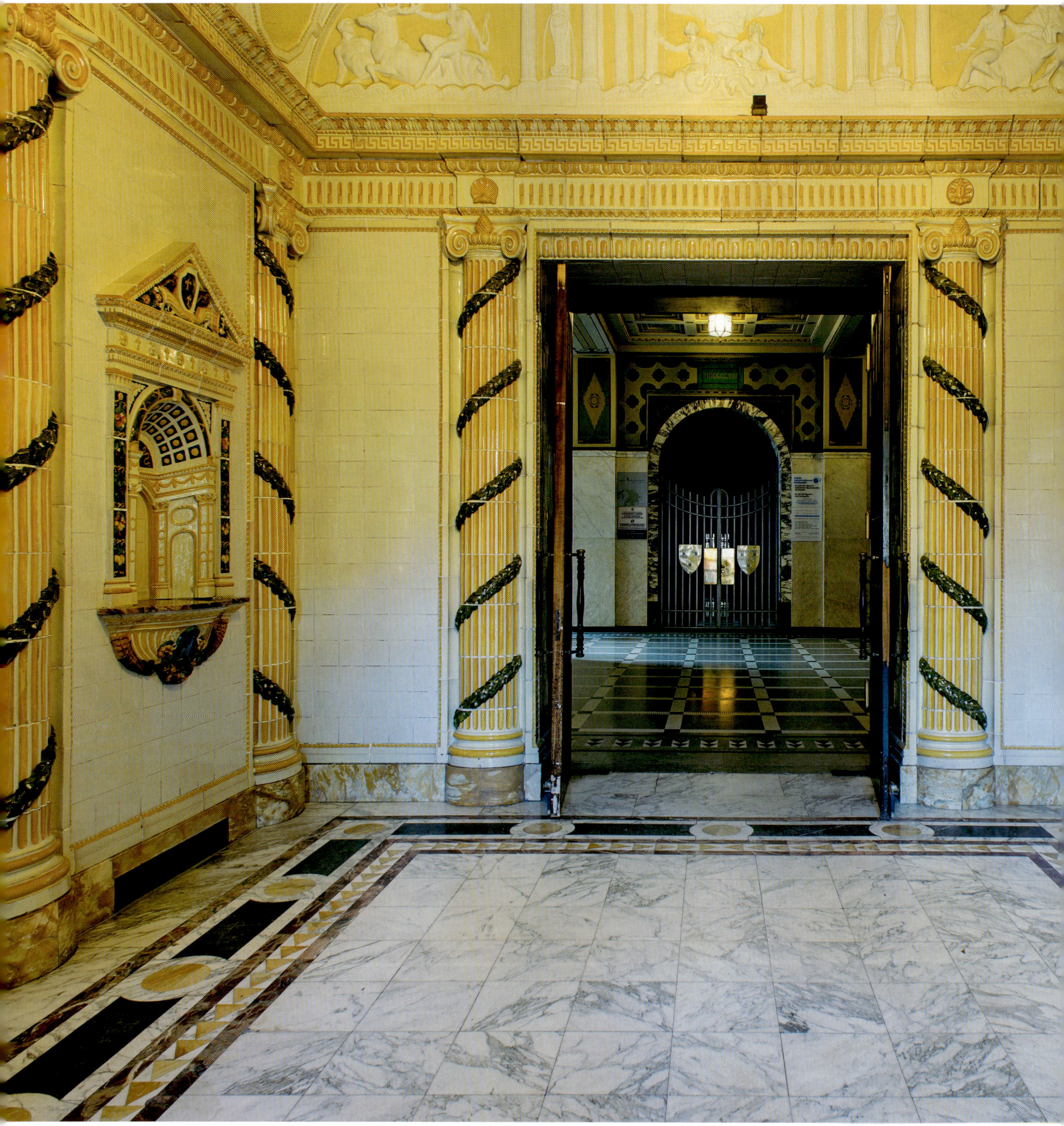

Links und unten:
Außen strenger Neoklassizismus, innen verspielter Jugendstil: die Kaiser-Friedrich-Therme wird aus der Adlerquelle, der zweitgrößten Wiesbadener Thermalquelle nach dem Kochbrunnen, mit ihrem knapp 65 Grad heißen Wasser gespeist. Neben dem historischen Schwimmbecken mit erfrischendem Wasser von ungefähr 23 Grad gibt es noch das „Wildbecken" mit 42 Grad – also angenehm warmes Wasser. Zu Beginn des 20. Jahrhunderts zählte die Großstadt Wiesbaden 100 000 Einwohner – und jährlich ungefähr doppelt so viele Kurgäste. Bis zur Eröffnung der damals „Kaiser-Friedrich-Bad" genannten Einrichtung im Jahr 1913 waren die Badenden auf die Luxushotels angewiesen.

Oben:
Sehen lassen kann sich auch die Saunalandschaft der Kaiser-Friedrich-Therme mit knapp 1500 Quadratmetern. Hier locken neben einem Russischen Dampfbad und einer Finnischen Sauna auch ein Tepidarium, ein Sudatorium und ein Sanarium – erfrischen kann man sich zwischen den Saunagängen unter anderem in der tropischen Eisregenzone.

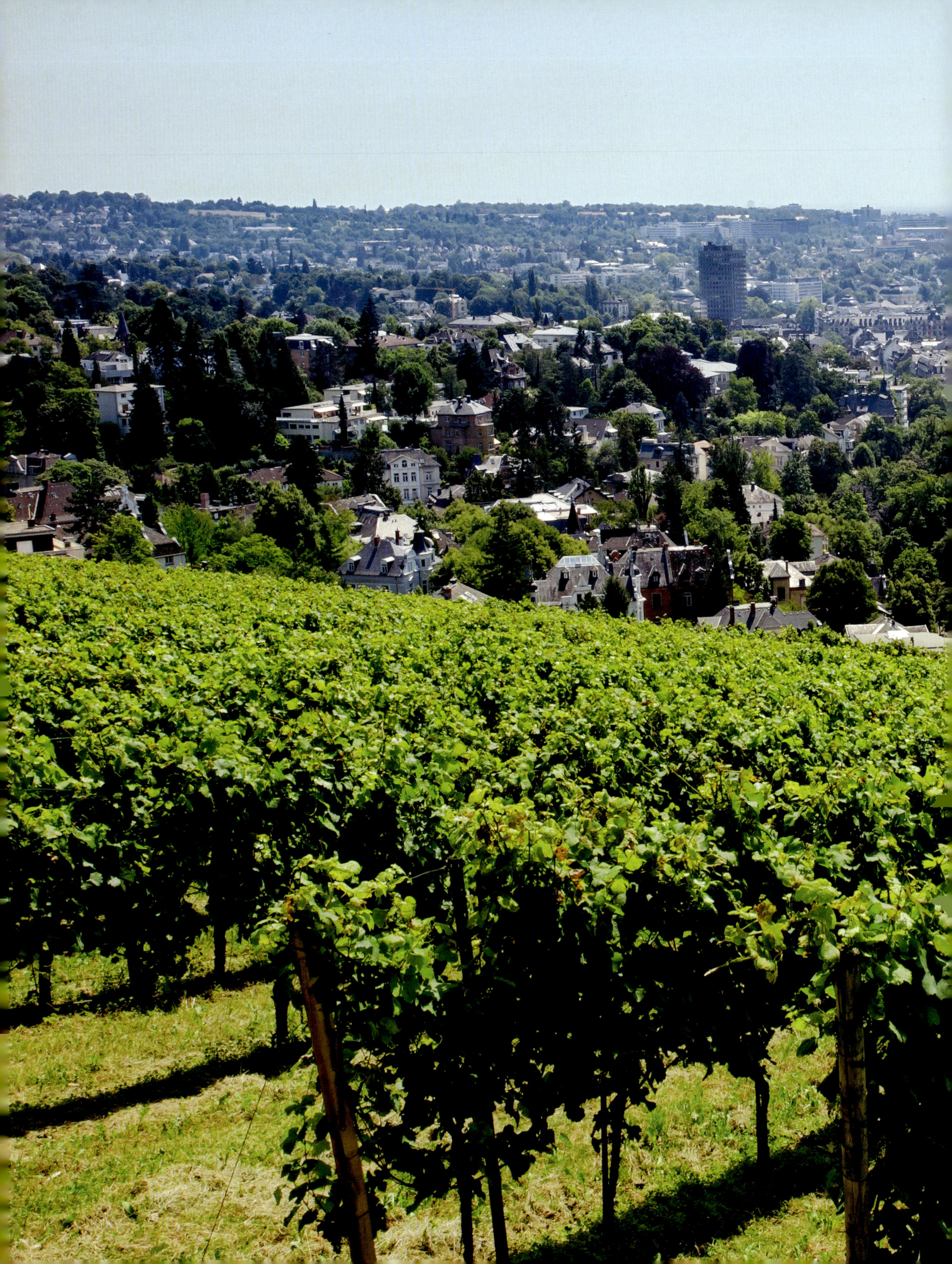

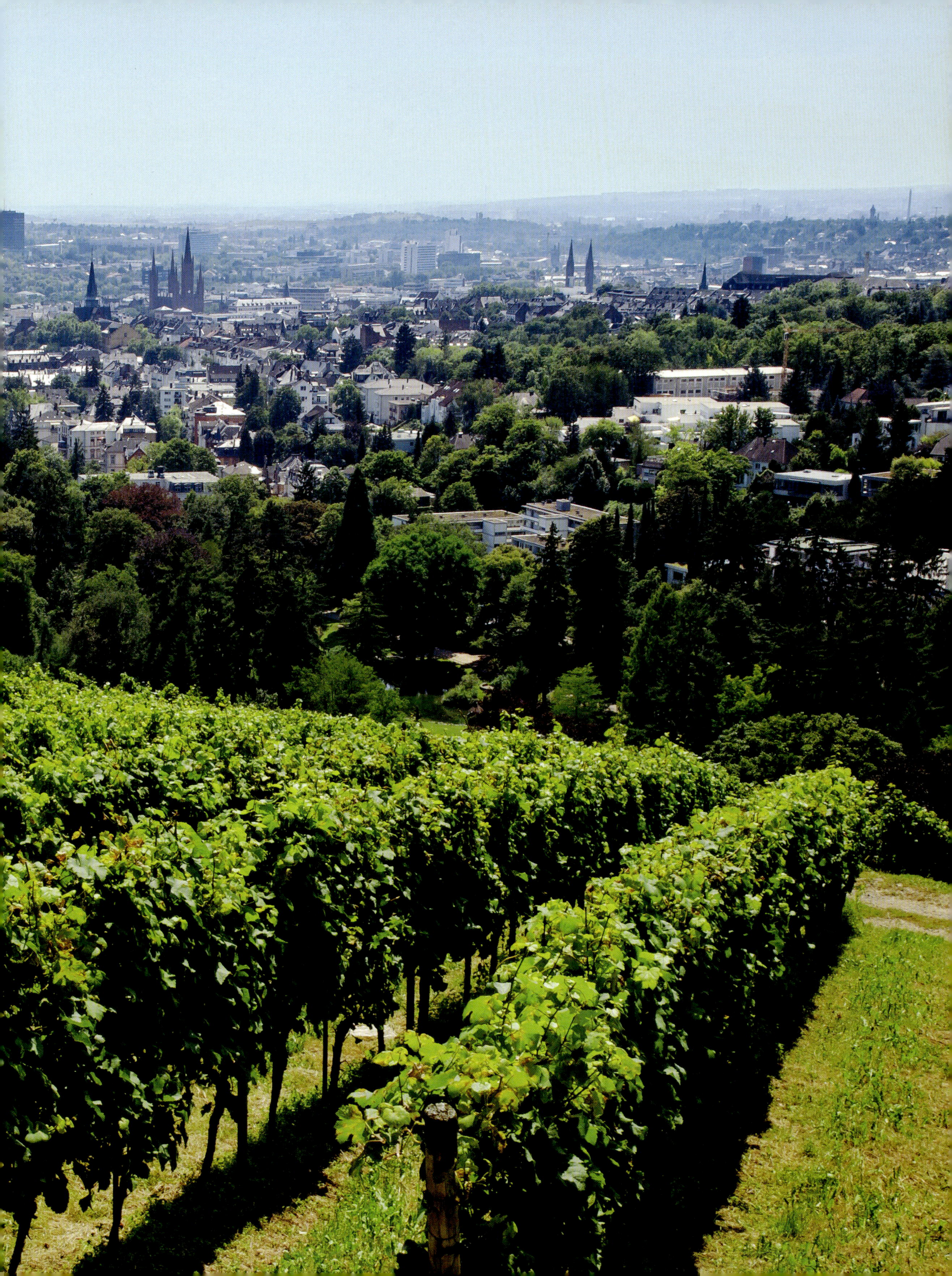

Seite 70/71:
Bester Rheingauer Wein gedeiht an den Hängen des Wiesbadener Nerobergs. Beim Blick auf die Stadt kann man unschwer erkennen, dass es sich hier gut leben lässt, die vielen Parks machen die Stadt sehr „grün".

Rechts:
Die Nerobergbahn führt vom Nerotal auf den Neroberg und überwindet dabei auf einer Länge von 438 Metern einen Höhenunterschied von 83 Metern. Das entspricht einer durchschnittlichen Steigung von 19 Prozent.

Unten:
Auf der Spitze des Nerobergs, unweit der Bergstation der Nerobergbahn, wurde 1851 von dem aus Geisenheim im Rheingau stammenden Architekten Philipp Hoffmann (1806–1889) ein kleiner Bergpark angelegt. Den Mittelpunkt bildet der ebenfalls von Hoffmann entworfene Monopteros.

Oben:
Auf eine wahrhaft wechselvolle Geschichte blickt das Neroberghotel zurück, von dessen ursprünglicher Anlage nur der Turm erhalten geblieben ist. Der Anbau eines kleinen Gebäudes dient heute als Ausflugslokal und die „Erlebnismulde" auf der Fläche des einst 1881 errichteten Restaurationsgebäudes bietet nun eine Bühne für Kleinkunst.

Links und ganz links:
Seit 1888 erleichtert die Nerobergbahn den Hin- und Rückweg auf den Wiesbadener Hausberg erheblich. Heute ist sie ein technisches Kulturdenkmal, denn sie ist die einzige noch verbliebene Wasserlast- und Zahnstangenstandseilbahn Deutschlands.

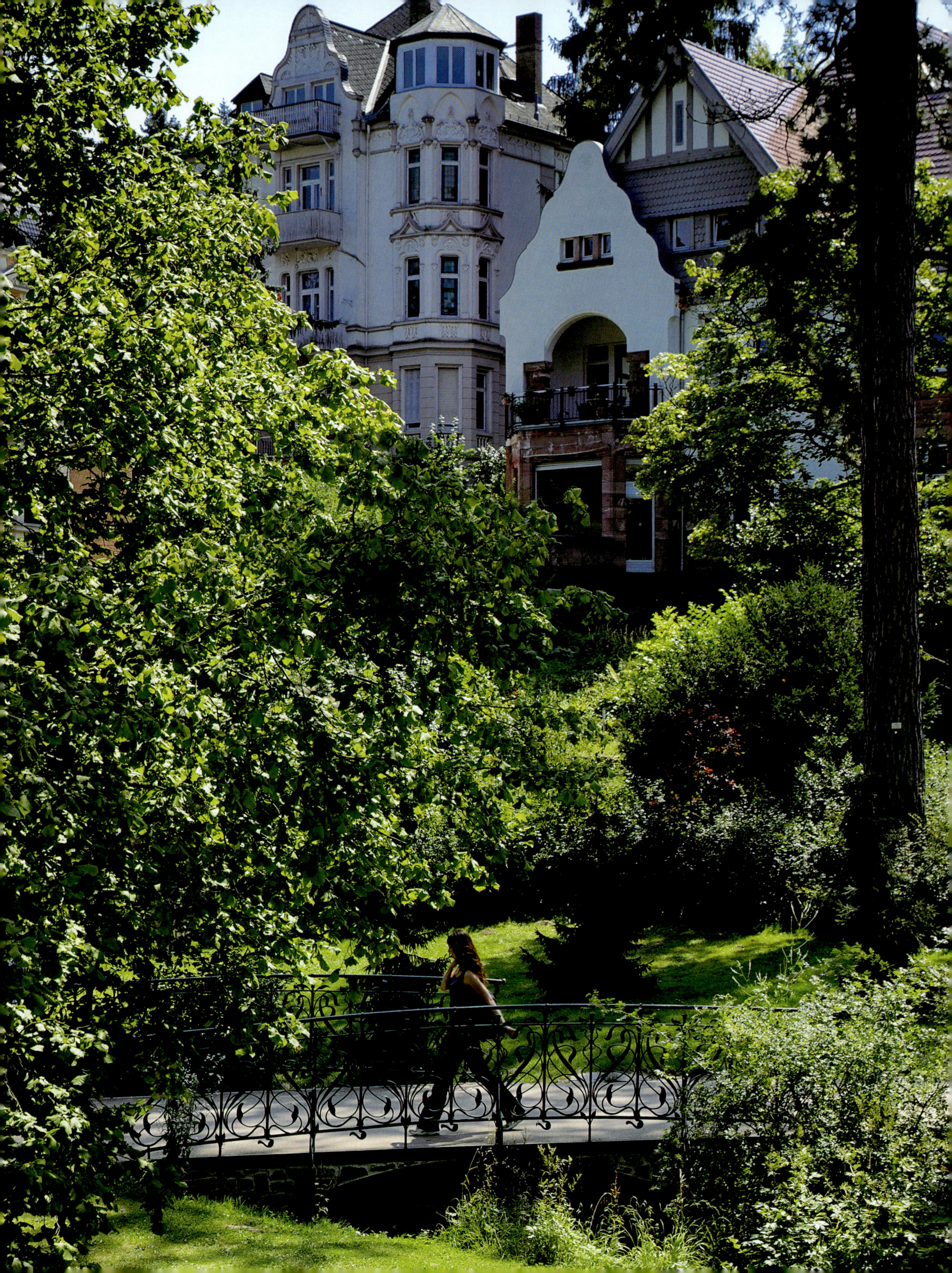

Linke Seite:
In den Neroanlagen des Nerotals überspannen sechs Brücken den Schwarzbach. An einigen Stellen wurde er zu Teichen aufgestaut, der Wasserlauf wurde mit großen Steinblöcken und Wasserfällen versehen.

Die Neroanlagen wurden 1897 bis 1898 im englischen Landschaftsstil angelegt. Am Ende des Parks erinnert ein Denkmal an den Dichter Friedrich von Bodenstedt (1819–1892), der ab 1878 in Wiesbaden lebte und dessen „Lieder des Mirza Schaffy" mit fast 300 Auflagen als erfolgreichste und populärste orientalische Veröffentlichung des 19. Jahrhunderts gilt.

Die Einwohnerzahl Wiesbadens war im 19. Jahrhundert sprunghaft angestiegen und viele Wohlhabende wünschten eine repräsentative letzte Ruhestätte. 1877 wurde der Nordfriedhof eingeweiht, der heute noch mit seinen Grabmälern aus der Zeit des Historismus und des Jugendstils beeindruckt.

Oben:
Adam Henkell (1801–1866) gründete 1832 in Mainz eine Weinhandlung. Dem Enkel Otto I. (1869–1929) gelang es, mit der Marke „Henkell Trocken" einen nahezu beispiellosen Erfolg ins Leben zu rufen. Da der Platz in Mainz, wo die Lagerung der Flaschen – auf 50 Keller verteilt – zu klein geworden war, entschloss er sich zum Umzug über den Rhein, in die damals noch selbständige Stadt Biebrich. Hier ließ er vom gerade dreißigjährigen Architekten Paul Bonatz (1877–1956), der später durch seinen Entwurf für den Stuttgarter Hauptbahnhof als einer der Begründer der Moderne berühmt werden sollte, in den Jahren 1907 bis 1909 das „Henkell-Schlösschen" im strengen Stil des Klassizismus errichten.

Bilder links:
Im Inneren der Henkell-Sektkellerei beeindruckt heute vor allem der prachtvolle Marmorsaal: 1928 erschien Otto Henkell diese Empfangshalle nicht mehr repräsentativ genug und er ließ sie mit überbordenden Verzierungen im Stil des Rokoko ausschmücken. Die Firma gehört heute zur Dr.-Oetker-Gruppe und führt viele verschiedene Marken wie „Fürst von Metternich", „Deinhard", „Kupferberg", „Lutter & Wegner", „Söhnlein Brillant", doch auch zwei verschiedene Champagner-Marken oder Crémant sowie Cava. Auf dem Dach des Schlösschens wird nach wie vor mit „Henkell Trocken" geworben und dieser Sekt ist immer noch in aller Munde …

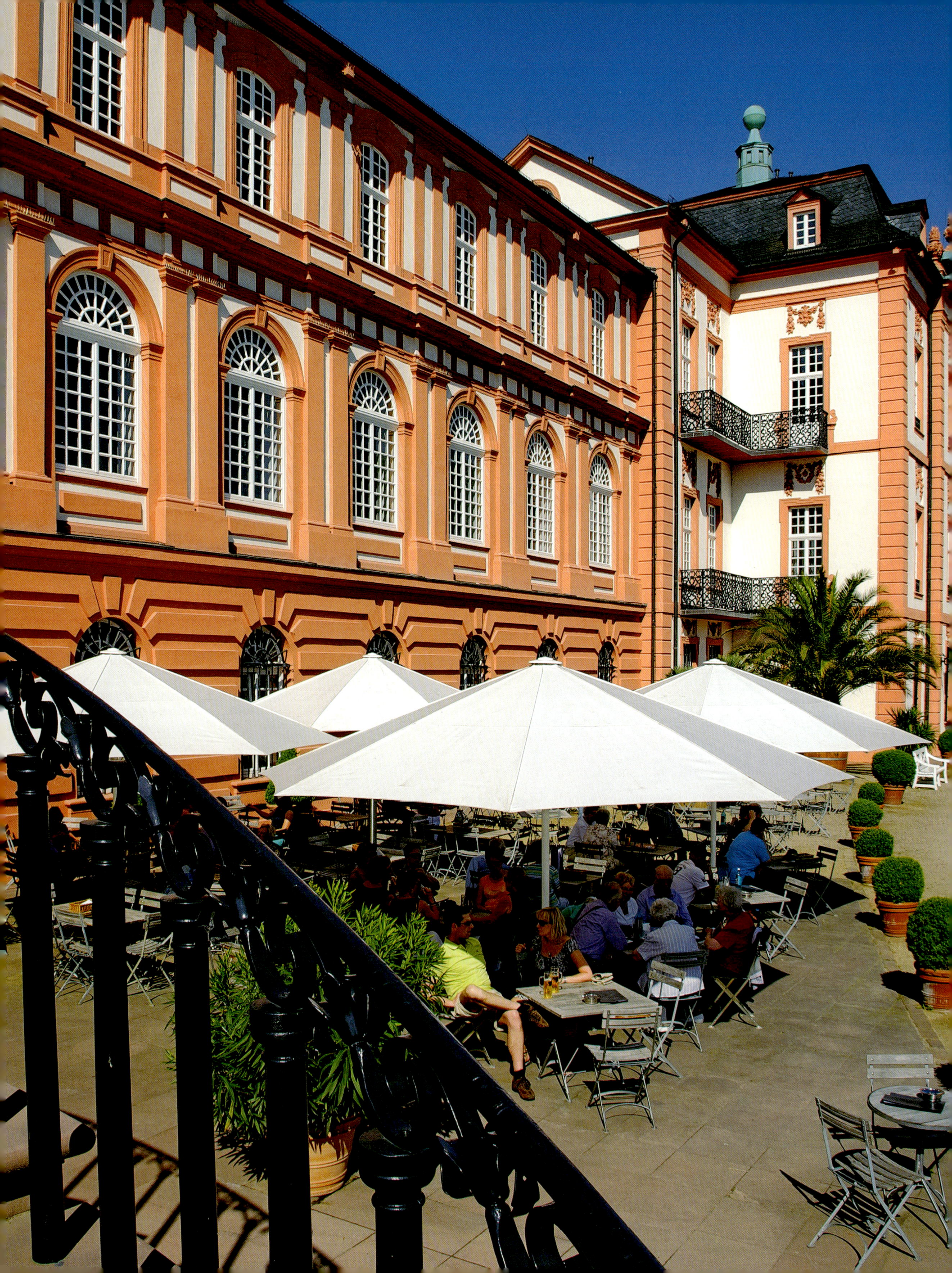

Auf den Trümmern der alten Königspfalz „Biburc" ließ Herzog Friedrich August von Nassau zu Beginn des 19. Jahrhunderts am Rande des Mosburgweihers die künstliche Ruine der „Mosburg" errichten. Hier wird seit 1979 das „Mosburgfest" veranstaltet – die Ruine soll mit den Einnahmen daraus weiter restauriert werden, damit sie auch in Zukunft das malerische „Herz" des Biebricher Schlossparks darstellen kann.

Linke Seite:
In den Jahren 1700 bis 1750 entstand aus einem Gartenhäuschen eine Dreiflügelanlage: bis zum Bau des Wiesbadener Stadtschlosses 1841 diente das Biebricher Schloss als Residenz der Herzöge von Nassau. Heute zählt es zu den bedeutendsten Barockschlössern am Rhein und beherbergt das Hessische Landesamt für Denkmalpflege sowie Repräsentationsräume der Hessischen Landesregierung.

Durch die Eingemeindung von Biebrich nach Wiesbaden im Jahr 1926 liegt heute die hessische Landeshauptstadt direkt am Rhein. Die Uferpromenade ist Teil des internationalen Rheinradwegs – und eine Pause auf der Biebricher Schlossterrasse bei Kaffee und Kuchen sollte eingeplant werden, denn in so südlich anmutender Atmosphäre kann man nicht überall „auftanken" und sich erholen ...

Zwischen Rhein und „Gebück" – der Rheingau

Vom Niederwalddenkmal bietet sich ein fantastischer Blick über die Weinberge auf den Rhein, der für die Deutschen ein wichtiges Symbol darstellte, denn er war seit dem Ersten Koalitionskrieg bis zum Sturz Napoleons deutsch-französischer Grenzfluss. Doch er war auch ein wichtiger Schauplatz der deutschen Geschichte und der Sagen- und Märchenwelt.

So klein die historische Landschaft des Rheingaus auch sein mag, sie hat es in sich. Denn zum Teil weltbekannte Ortschaften wie Rüdesheim locken alljährlich viele Besucher aus Nah, Fern und Übersee hierher. Seien es nun die Drosselgasse oder die „Kiedricher Chorbuben" – im Rheingau liegt immer auch Musik in der Luft, wie nicht zuletzt das „Rheingau Musik Festival" beweist. „Siegfrieds Mechanisches Musikkabinett" im Brömserhof bietet sie ohne elektronische Hilfe und in der Brömserburg kann man in weingeschichtlichen Erinnerungen schwelgen.

Die historische Grenze des Rheingaus im Süden ist der Rhein, und er ist nicht schwer zu finden, da sich die meisten Dörfer an ihn schmiegen. Schwieriger wird es im Norden, in den Ausläufern des Taunus, denn hier bildete über viele Jahrhunderte das „Gebück" die Grenze: ein dichter Wald aus „gebückten" – das heißt nach unten gebogenen – Buchen, mit viel Brombeergestrüpp dazwischen. Bis zum Aufkommen moderner Waffen war dies ein undurchdringlicher Schutzwall, danach verfiel er zusehends. Heute kann man den ursprünglichen Verlauf auf einem Wanderweg erkunden, von Niederwalluf im Osten bis zur Mündung der Wisper in den Rhein – in Lorch, also im Westen des Rheingaus.

Schlösser wie Reinhartshausen, Vollrads oder Johannisberg haben sich auf den Weinbau spezialisiert, während Schloss Reichartshausen eine private Wirtschaftsuniversität beherbergt. In Geisenheim wird Weinbau gelehrt und das Brentanohaus in Winkel ist bekannt als Treffpunkt der Romantiker, seien es die Dichter des 19. oder die Nostalgiker des 21. Jahrhunderts.

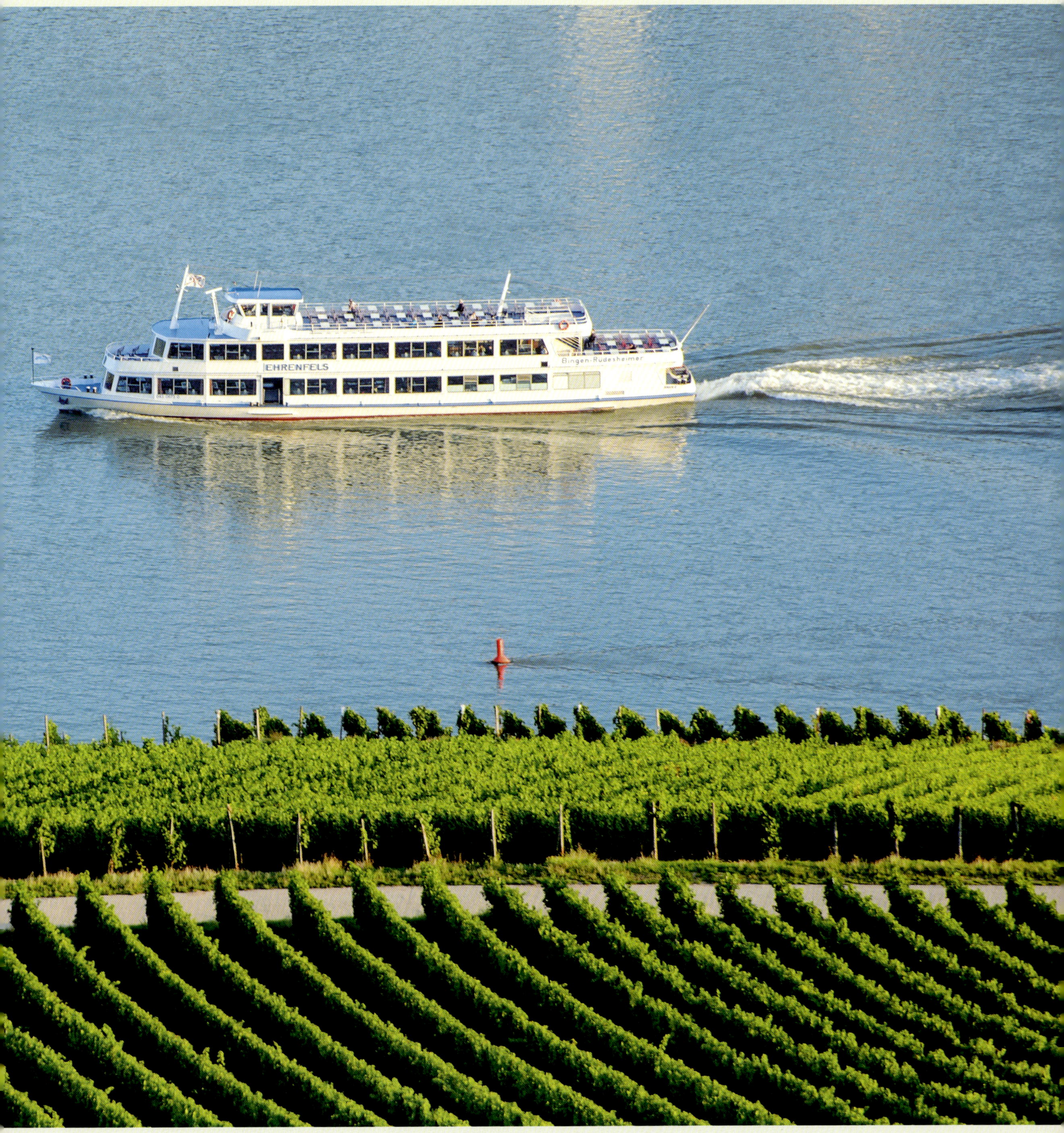
EHRENFELS
Bingen-Rüdesheimer

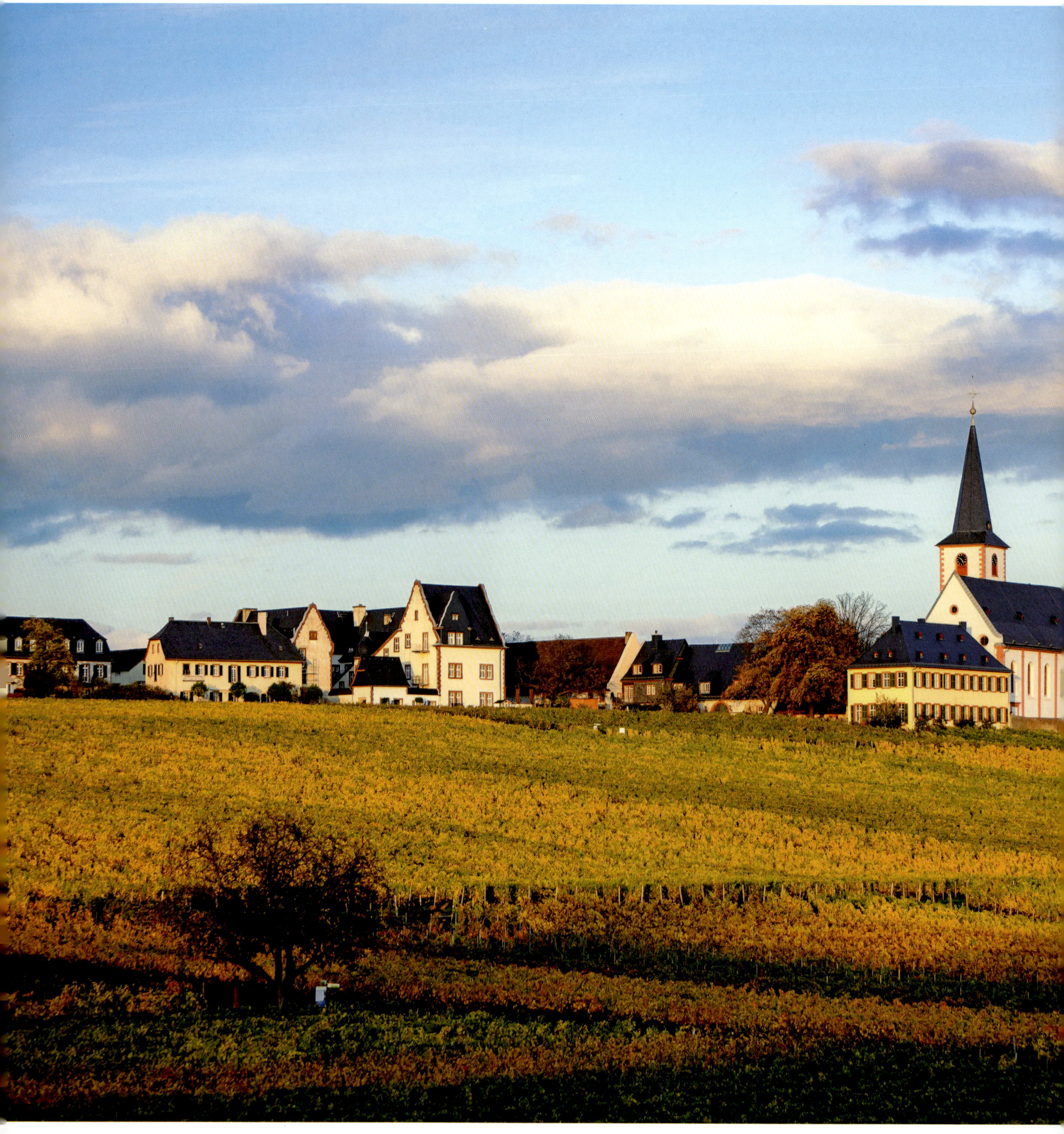

Die Wein- und Sektstadt Hochheim am Main ist weit über den Rheingau hinaus bekannt. Seit einem Besuch der britischen Königin Viktoria im Jahr 1845 ist im englischsprachigen Raum „Hock" zum Synonym für Rheinwein im Allgemeinen und für Wein aus dem Rheingau im Besonderen geworden. Wegen des guten Geschmacks der Hochheimer Weine und wegen ihrer nahrhaften Eignung soll sich am britischen Hof der Überlieferung nach das Sprichwort etabliert haben: „A good Hock keeps off the doc." Ein guter Hochheimer Wein ersetzt also jeden Arzt ... Stadtbildprägend ist die Barockkirche St. Peter und Paul.

Seite 84/85: *Eltville gilt als größte Stadt des Rheingaus und kann vor allem auch in der Burgstraße mit sehenswerten Fachwerkhäusern aufwarten. Sie liegt an der Deutschen Fachwerkstraße und ist als Wein-, Sekt- und Rosenstadt bekannt.*

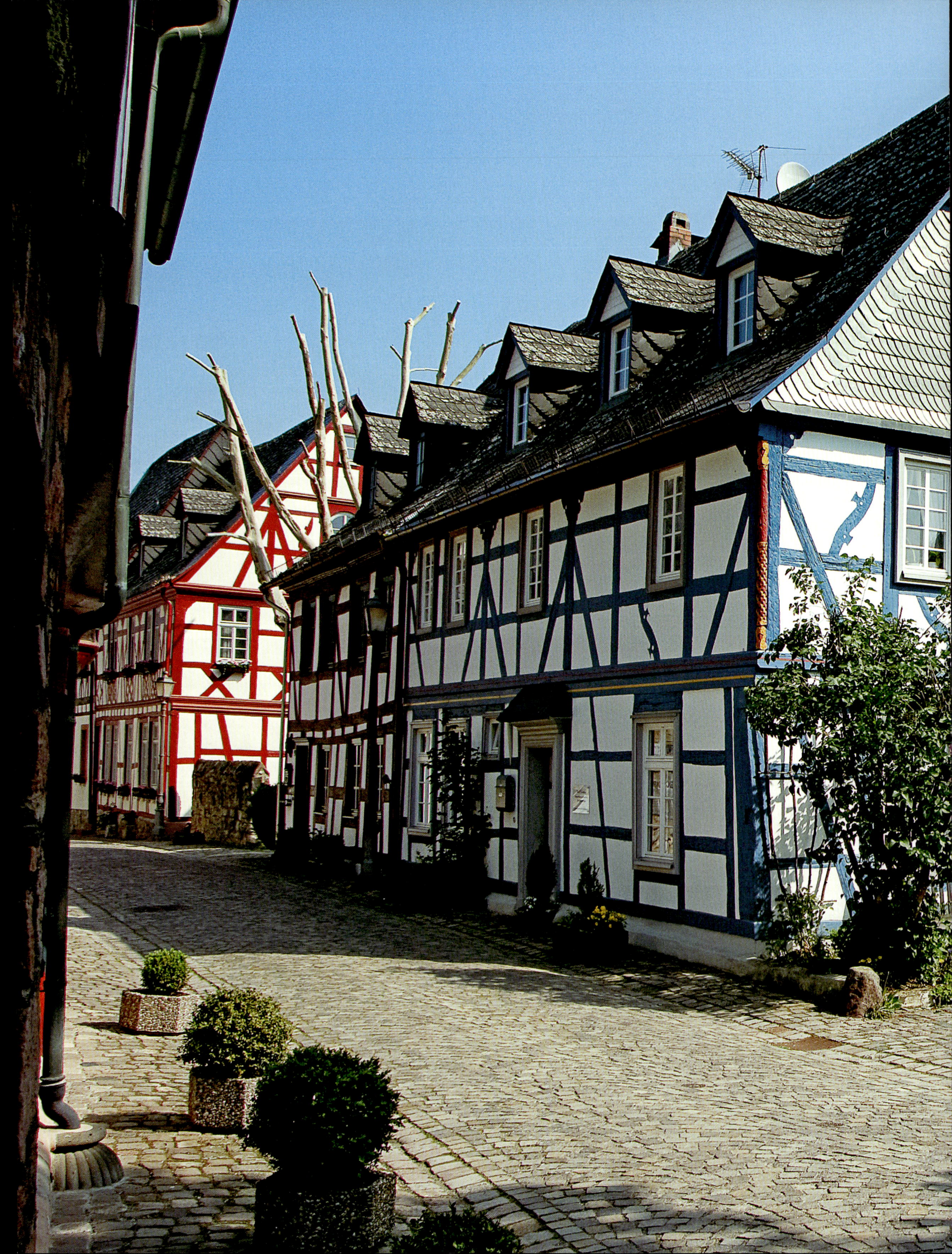

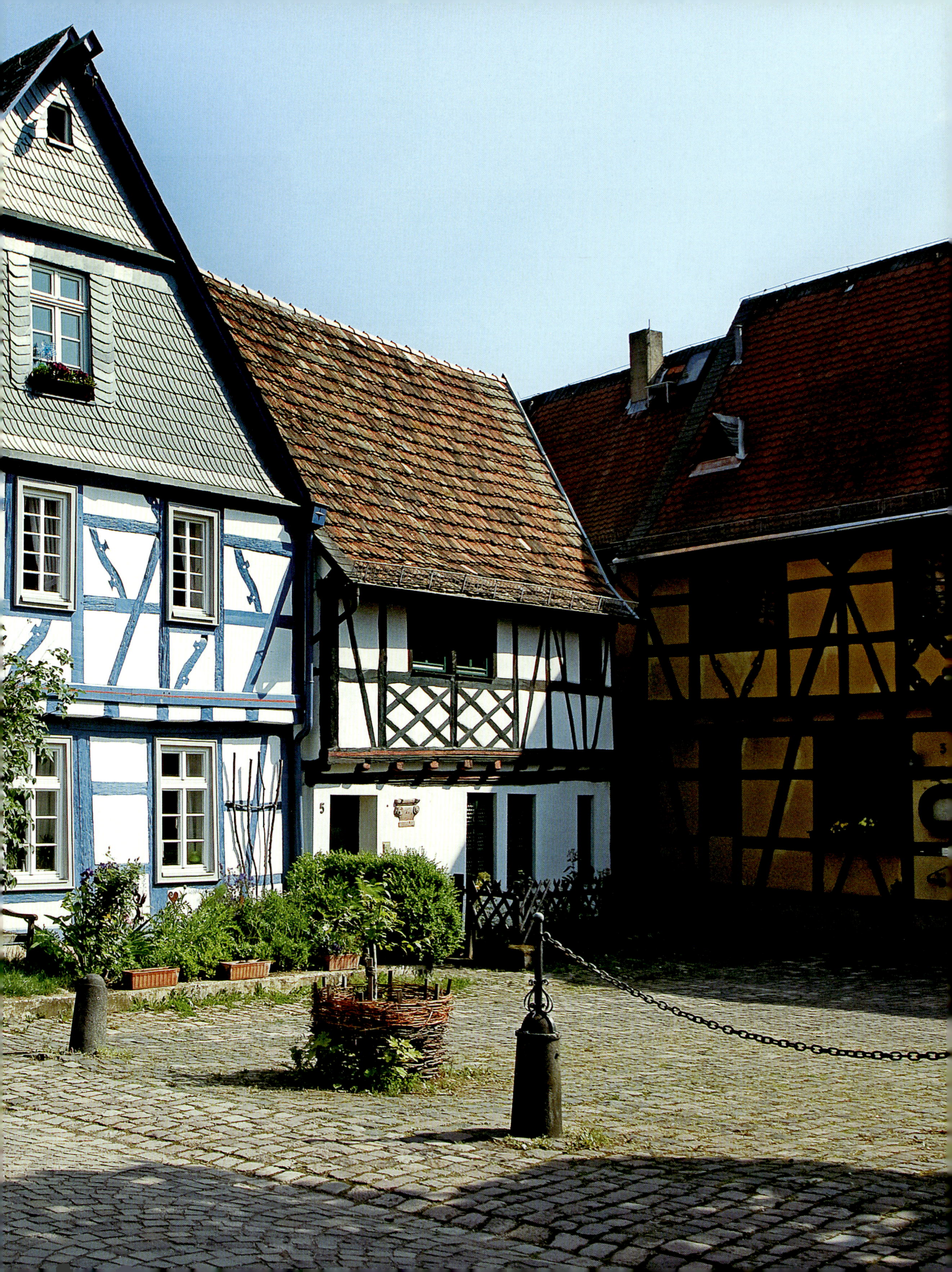

Unten:
Als Wahrzeichen von Eltville gilt die Kurfürstliche Burg. Sie wurde 1347 fertiggestellt und war bis 1480 Residenz der Mainzer Erzbischöfe – damit wurde sie wiederholt zum Schauplatz der Auseinandersetzungen zwischen Papst und Kaiser um die Besetzung des „Heiligen Stuhls" von Mainz.

Rechts:
Als ältestes erhaltenes Gebäude von Eltville gilt die Burg Crass. 1332 lag sie außerhalb der damaligen Stadtmauer; seit 1873 beherbergt sie eine Gaststätte, die heute, mit angeschlossenem Hotel, zur gehobenen Gastronomie zählt.

Oben:
Im Stadtturm von Eltville ist das Stadtarchiv untergebracht. Das Dorf war schon 1313 mit einer Mauer befestigt gewesen – ihm wurden 1332 von Kaiser Ludwig dem Bayern die Stadtrechte verliehen.

Oben:
Als Eltville im 14. Jahrhundert erzbischöfliche Residenz wurde, genügte die frühere Kirche nicht mehr den neuen Ansprüchen – grundlegende An- und Umbauten mussten her. Im Inneren sind spätgotische Wandmalereien ebenso sehenswert wie eine Reihe von Heiligenfiguren aus dem 18. Jahrhundert.

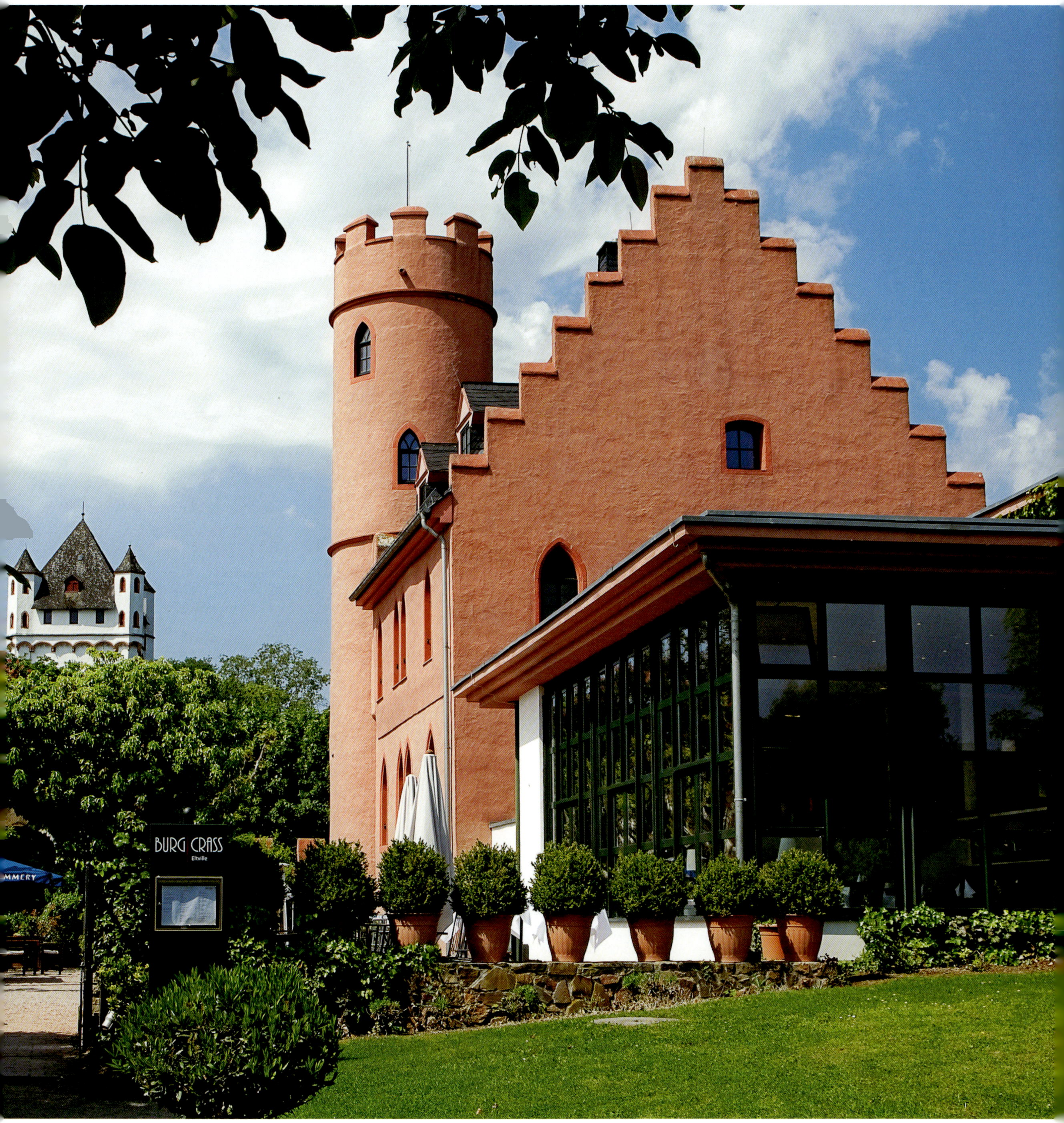
BURG CRASS
Eltville

In Eltville erinnert nicht nur ein denkmalgeschütztes Standbild an die deutschen Soldaten des Deutsch-Französischen Krieges 1870/71, hochherrschaftliche Villen zeugen auch von den guten Zeiten in der Geschichte der Stadt. 1965 wurde hier Michael Apitz geboren, der sich unter anderem als Zeichner des Comics „Karl, der Spätlesereiter" einen Namen machte. In bisher zwölf Bänden, die zum Teil bereits ins Englische, Französische oder Japanische übersetzt wurden, wird auf witzige Art über die Geschichte des Rheingauer Weins berichtet. Sein Erfolg brachte ihm 2001 einen Lehrstuhl für Karikatur an der Fachhochschule Wiesbaden ein.

Matheus Müller (1773–1847) erwarb 1811 den damaligen Freiherrlich von Sohlern'schen Hof in Eltville mit seinen ausgedehnten Kelleranlagen, wo er fortan erfolgreich mit Weinen handelte. Seine Söhne erlernten die Kunst der Champagnerherstellung in Frankreich, das Haus Matheus Müller wurde so zu einer der ersten Sektkellereien am Rhein. Das „doppelte M", die Anfangsbuchstaben des Gründernamens, sind bis heute Markenzeichen.

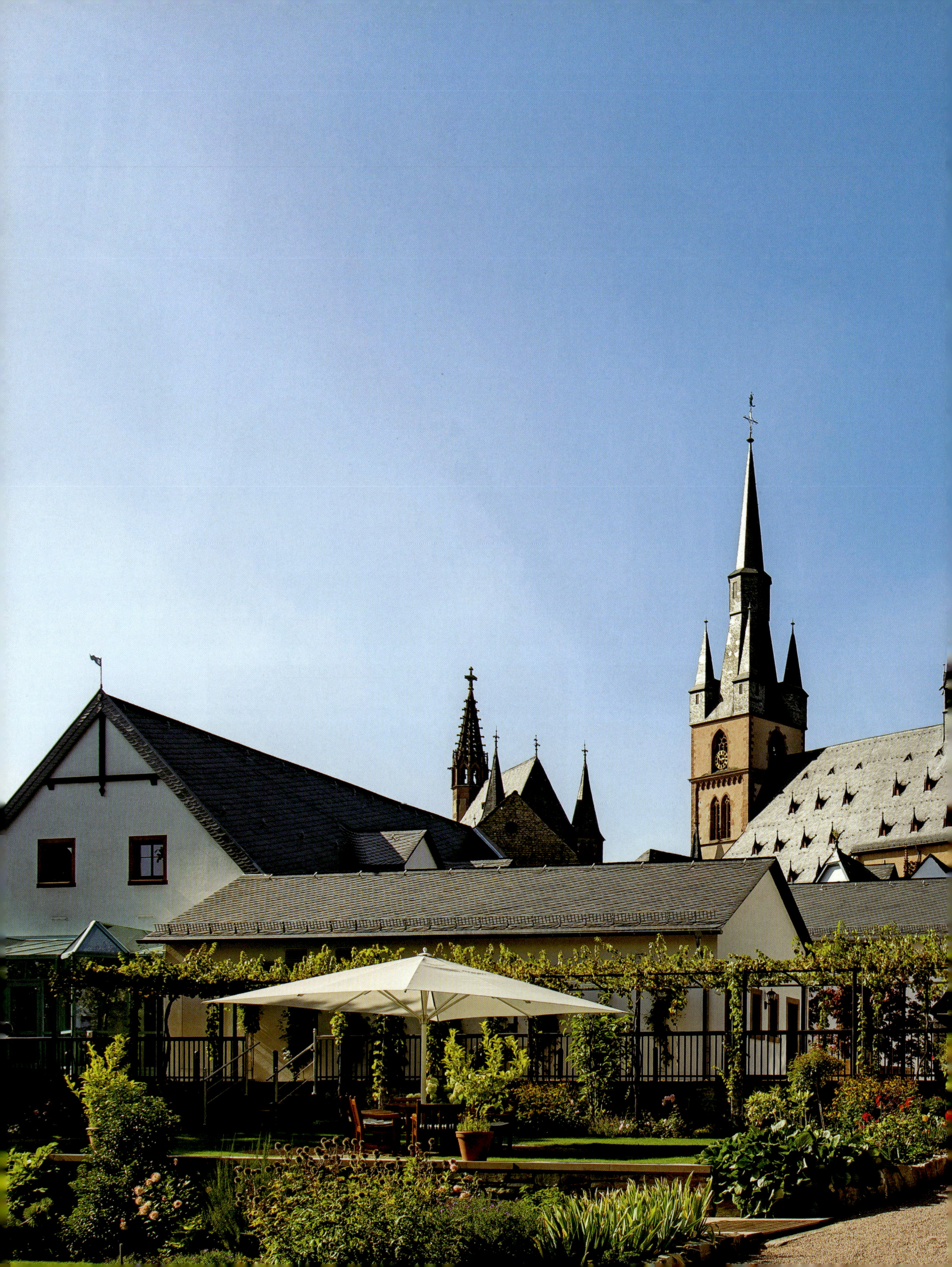

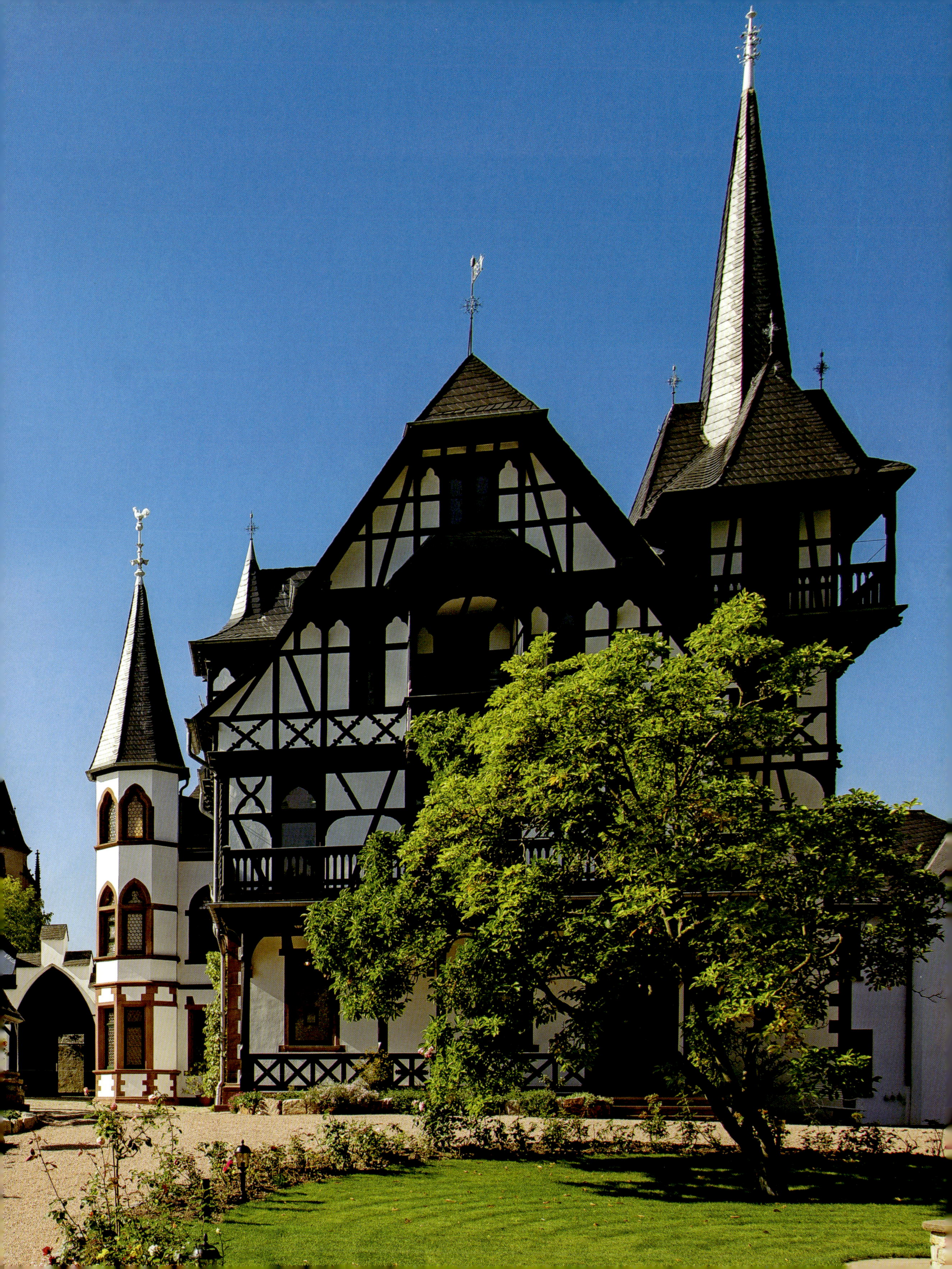

Seite 90/91:
Das Weingut Robert Weil in Kiedrich wurde 1875 gegründet und wird noch heute von der Familie geführt. Zu Beginn des 20. Jahrhunderts war es Hoflieferant des deutschen und des österreichischen Kaiserhauses, des russischen Zarenhauses und des englischen Königshauses.

Kiedrich wird nicht nur deshalb ein „gotisches Dorf" genannt, weil die Basilika minor St. Valentinus – hier ein Blick in den Pfarrhof – mit einer prachtvollen gotischen Ausstattung auftrumpfen kann. Hier kann man die Gotik nicht nur sehen sondern auch hören, denn die „Kiedricher Chorbuben" singen, seit 1333, gregorianische Lieder in lateinischer Sprache – und das bis heute.

Seit 1792 werden auf dem Weingut Hans Prinz in Kiedrich Reben angebaut. Das Historische Weinhaus Engel gehört seit 2013 dazu – es öffnete bereits 1681 das erste Mal die Pforten, Teile des Gebäudes sind jedoch schon 1297 entstanden.

Oben:
Das Ensemble von St. Valentinus und der Michaelskapelle in Kiedrich ist ein weithin einzigartiges Zeugnis aus der Zeit der Gotik. Einst diente das Erdgeschoss der Michaelskapelle als Karner, also als Beinhaus zur Aufbewahrung der Gebeine von Toten.

Links:
Ein kunsthistorisches Kleinod ist die Mondsichelmadonna aus der Zeit um 1520 in der Michaelskapelle von Kiedrich. Sie hängt frei im Raum, da sie von beiden Seiten die gleiche Ansicht zeigt, und wird von sieben Engelsköpfen getragen; der schmiedeeiserne Aufsatz in Form eines siebenarmigen Kronleuchters ist älter und stammt aus dem Jahr 1512.

Rechts:
Das ortsbildprägende Parkhotel Schlangenbad ist ein denkmalgeschütztes Gebäude aus dem Jahr 1912. Nach einem Besitzerwechsel 2007 erstrahlt das Haus heute wieder im alten Glanz und kann den Gästen aus Nah und Fern mit einem Viersternekomfort aufwarten.

Rechts und rechte Seite:
Der Name des Kurortes Schlangenbad hat mit dem gemäßigten Klima zu tun, das mit dem mediterranen vergleichbar ist, denn hier hat sich eine Population der Äskulapnatter erhalten, die heute sonst nur noch im warmen Süden zu finden ist. Oberhalb der Mündung des „Warmen Baches" wurde 1694 ein Bad angelegt; 1818 erfolgte dann die Erhebung zur Gemeinde. Im 19. Jahrhundert gab sich der Hochadel die Klinke in die Hand – die Zahl der britischen Gäste ging zurück, als das umständliche Reisen mit der Postkutsche, außer in abgelegene Orte, durch die moderne Eisenbahn ersetzt wurde. Von 1709 bis 1845 konnten die Kurgäste auch dem Glücksspiel frönen.

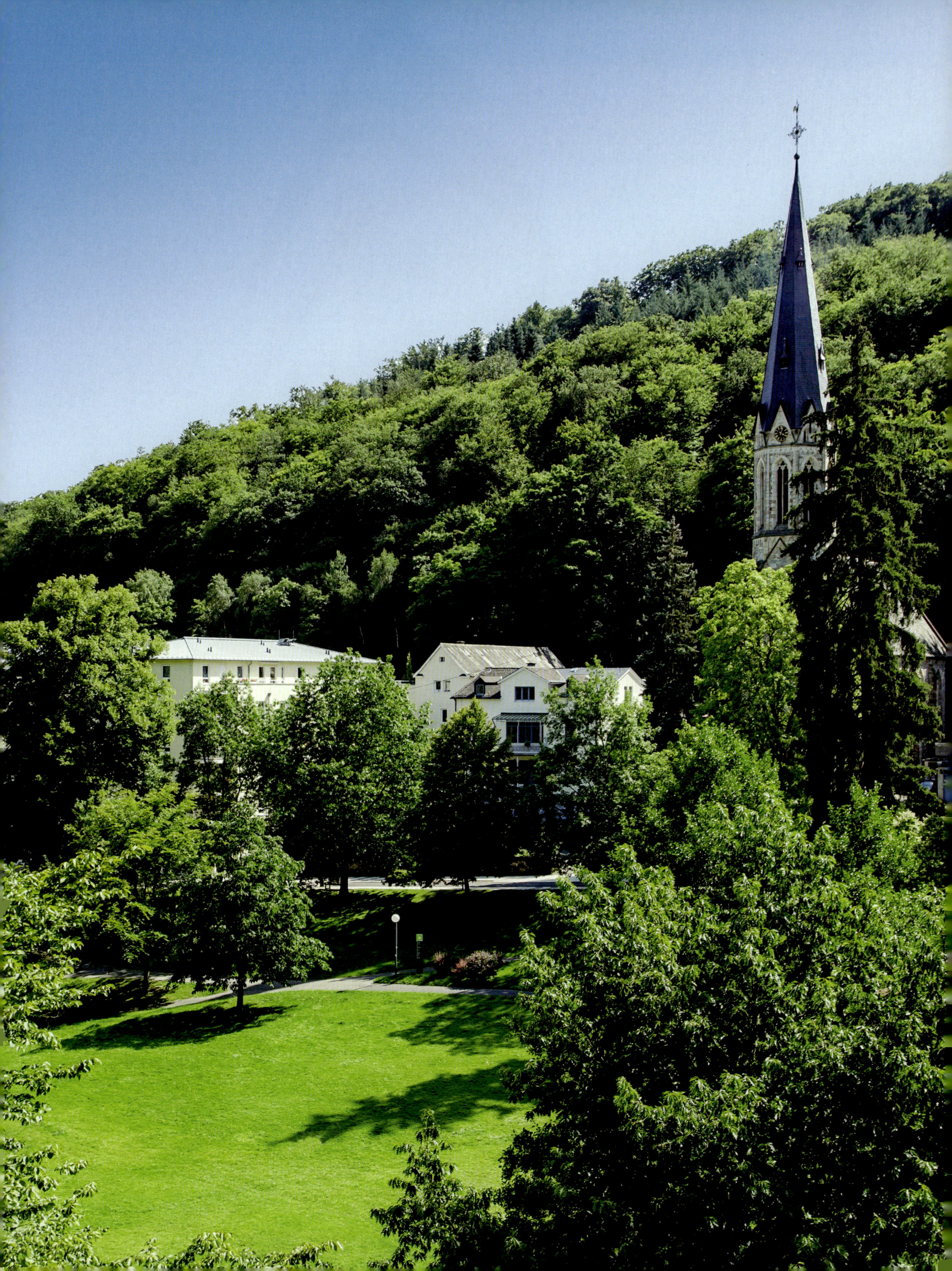

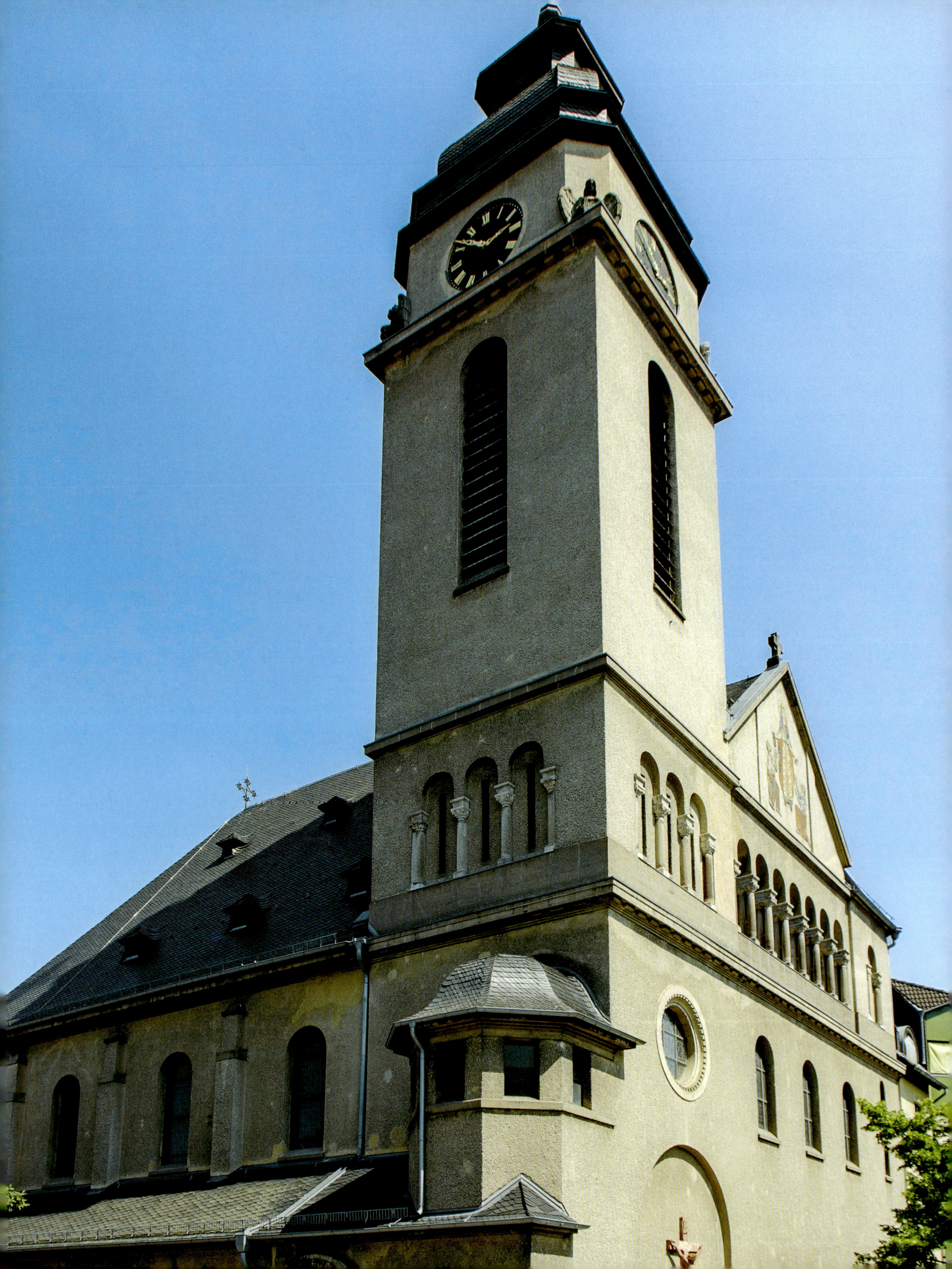

Rauenthal – im Hintergrund der ortsbildprägende Turm der katholischen Pfarrkirche St. Antonius – gilt mit 255 Metern als höchstgelegener Weinort des Rheingaus und gehört zu Eltville. Rauenthaler Wein wurde nicht nur von europäischen Fürstenhäusern geschätzt, auf der Pariser Weltausstellung 1867 wurde er gar zum „besten Wein der Welt" erklärt – und im Weinhaus Engel kann man nicht nur im Gutsausschank Wein trinken oder kaufen, hier kann man nach einer fröhlichen Runde auch übernachten ...

Linke Seite:
Nach den Plänen von Hans Rummel (1872–1952) wurde in den Jahren 1914 bis 1916 in Bad Schwalbach die katholische Pfarrkirche St. Elisabeth errichtet. Der berühmte Kupferstecher und Verleger Matthäus Merian der Ältere hielt sich in Bad Schwalbach häufig zur Kur auf und verbrachte hier auch seine letzten Tage bis zum Tod im Juni 1650.

Die Pfarrkirche St. Elisabeth von Bad Schwalbach zeigt rechts ein niedriges und links ein hohes Seitenschiff, mit barockartigen Kuppelgewölben. In einem Wald bei Langenschwalbach, wie der Ort früher hieß, soll Katharina Pfeifer Ende 1800 oder Anfang 1801 dem berühmten Räuber „Schinderhannes" ein Kind geboren haben.

Unten:
Das „Kronenschlösschen" in Hattenheim wurde Mitte des 19. Jahrhunderts von einem Frankfurter Galeristen errichtet, der es als Wohn- und Ausstellungshaus für seine Künstler nutzte. Mittlerweile ist es ein Hotel-Restaurant mit sternenbekrönter Küche und erlesener Weinkarte. Geschichtsträchtig ist das Haus schon allein deshalb, weil in der „Turmsuite" 1947/48 Konrad Adenauer, Theodor Heuss und Carlo Schmid tagten, um das neue Grundgesetz Deutschlands vorzubereiten.

Rechts:
Das historische Weinhaus „Zum Krug" in Hattenheim ist bereits in dritter Generation in Familienbesitz und wird von Josef Laufer III. geführt. Im Weinhaus selbst kann man in traditionellen Zimmern nächtigen, im angrenzenden Alten Rathaus erwarten modern gestaltete Themenzimmer die Gäste zur Nachtruhe.

Oben:
Die Fachwerkbauten in Hattenheim, zum Teil mit kunstvoll verzierten Fächern zwischen den Balken, zeugen von einer reichen Geschichte des Ortes.

Seite 100/101:
Die Gesamtanlage des ehemaligen Klosters Eberbach bildet ein Kulturdenkmal von europäischem Rang und entspricht mit seiner abgeschiedenen Lage dem Ideal der Zisterzienser.

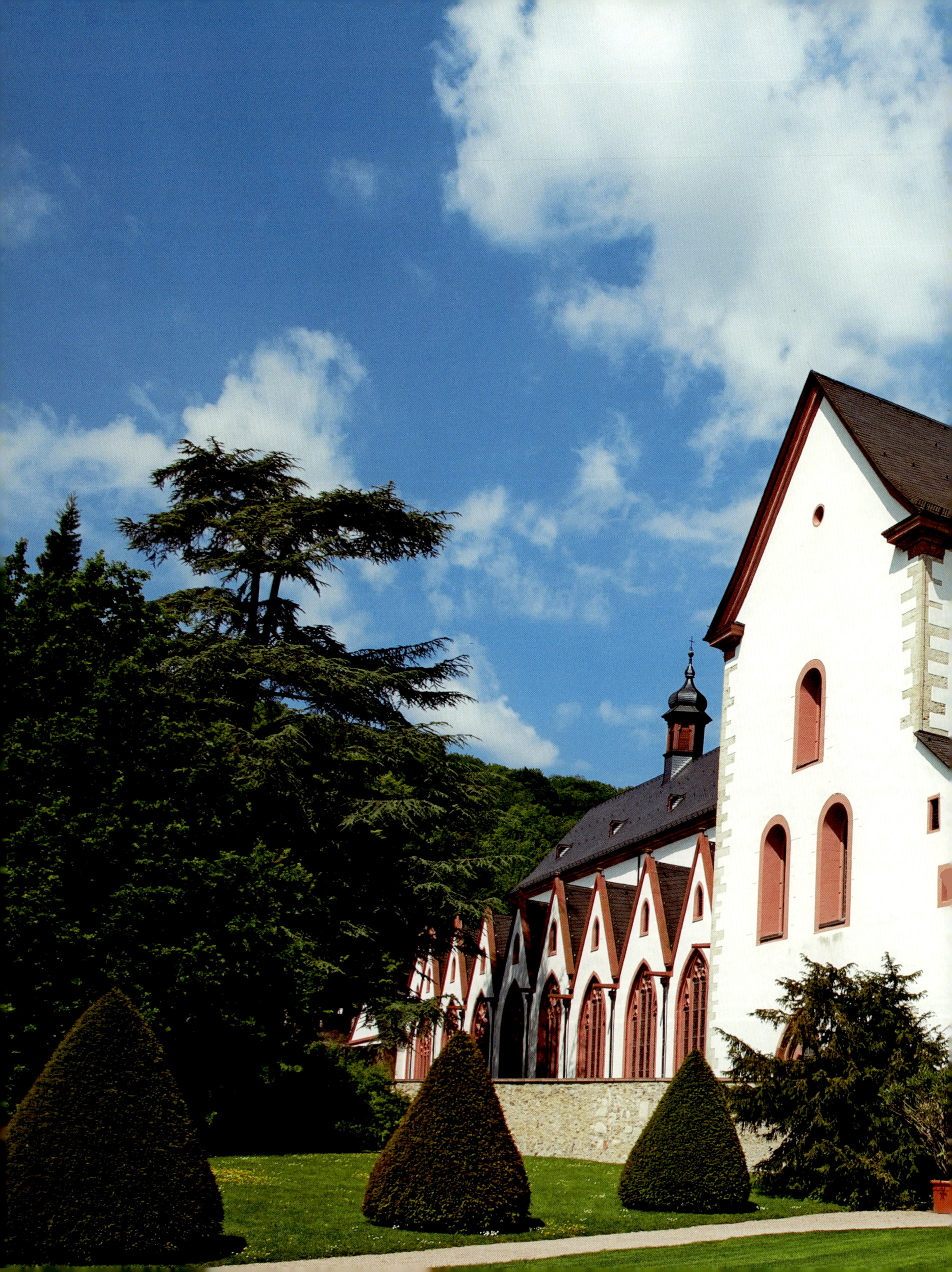

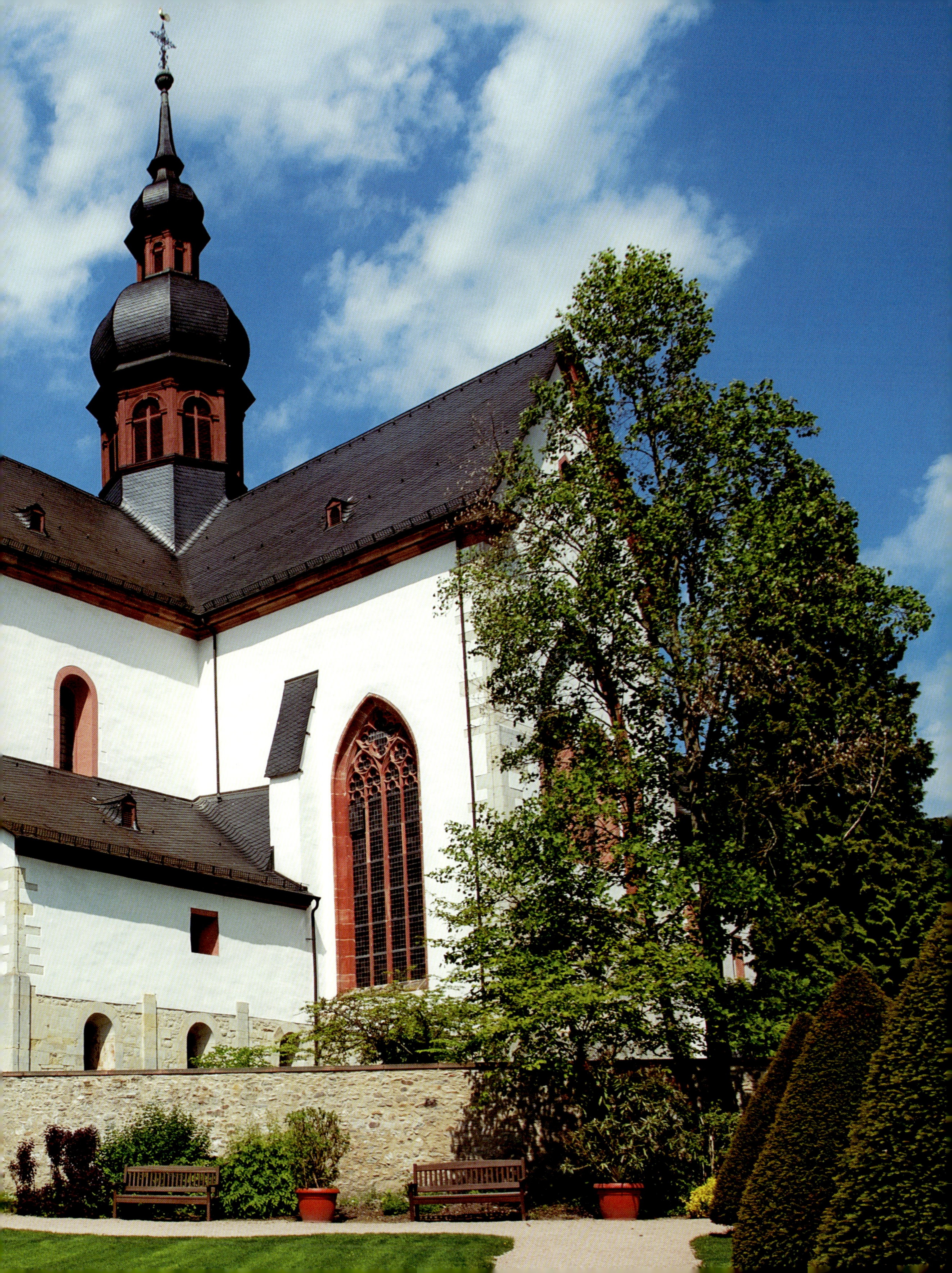

KUNST, KULTUR UND WEIN – KLOSTER EBERBACH

Ohne Zweifel zählt die Anlage des Klosters Eberbach mit ihren romanischen und frühgotischen Bauten zu den bedeutendsten Kunstdenkmälern Europas. Es ist nicht nur für seinen Weinbau berühmt, sondern zieht auch mit seinen kulturellen Veranstaltungen die Besucher in seinen Bann. So war es 1988 die erste Spielstätte des „Rheingau Musik Festivals" – und es zählt heute noch zu den Hauptveranstaltungsorten dieser überregional beachteten Institution. Alljährlich zwischen Juni und September verwandelt sich der ganze Rheingau in eine große Konzertbühne: Weitere Spielstätten sind unter anderem Schloss Johannisberg oder Schloss Vollrads, sowie viele Kirchen und Weingüter. Und so haben sich zum Schwerpunkt „Klassische Musik" auch Jazz, Kabarett und literarische Weinproben gesellt.

Ursprünglich sollten die Zisterzienser-Mönche von ihrer Hände Arbeit leben. Dieses Gebot machte Eberbach für Adelige unattraktiv, sodass die Mönche meist aus nichtadeligen Schichten stammten. Deshalb gab es unter ihnen nicht nur studierte Theologen, sondern auch „Konversen" oder Laienbrüder, die in getrennten Räumen wohnten und auch unterschiedliche Plätze in der Basilika einnahmen. Sie stammten meist aus bäuerlichen Familien, nahmen nur eingeschränkt am spirituellen Leben teil und geistige Tätigkeiten wie das Lesen von Büchern waren ihnen verboten. Trotzdem gab es einen großen Zulauf an „Konversen", denn die Klostergemeinschaft bot bessere Lebensumstände als der Bauernstand – und ihre große Zahl förderte die schnelle Expansion des Ordens. Doch Eberbach war nicht nur ein Zwei-Klassen-, sondern ein Drei-Klassen-Kloster: Zur Erntezeit wurden noch Lohnarbeiter angeheuert, die die unterste Schicht repräsentierten.

Anfangs wurde nur ein kleiner Teil der landwirtschaftlichen Flächen für den Weinbau verwendet. Später kamen elf Stadthöfe dazu, unter anderem in Mainz, Frankfurt und Köln. Letzterer war das Ziel der jährlichen Kölnfahrt, dem wichtigsten Ereignis des Wirtschaftsjahres. Denn dabei wurde die überschüssige Weinproduktion verschifft, um sie auf dem Markt zu verkaufen. Die Leitung dieser Fahrt hatte der Abt inne und je nach Wasserstand des Rheins fand sie im Herbst oder im Frühling statt. Für entferntere Klöster und andere Grundherren verloren deren Weinberge im Rheingau immer mehr an Bedeutung, da sie im Gegensatz zum Kloster Eberbach nicht über Rheinzollprivilegien verfügten – Eberbach konnte auf diesem Weg im 14. Jahrhundert seine Anbaufläche immer mehr erweitern. Dabei wurde vermehrt Weißwein angebaut, da dieser auf dem Kölner Markt höhere Erlöse versprach.

„Der Name der Rose"

Ebenfalls hohe Erlöse versprach die Verfilmung des Bestsellers von Umberto Eco: „Der Name der Rose". Im Winter 1985/1986 wurden fast alle Innenaufnahmen im Kloster Eberbach gedreht, was zur weltweiten Bekanntheit des Rheingaus im Allgemeinen und des Drehorts im Besonderen beitrug. Ein wahrer Kloster-Krimi also, wie er seinesgleichen sucht. Erzählt wird eine Geschichte, bei der der franziskanische Mönch William von Baskerville mit seinem Adlatus, dem Novizen Adson von Melk, im Jahr 1327 eine Benediktinerabtei im Apennin besucht, um an einem theologischen Disput teilzunehmen. Dabei werden sie mit einem mysteriösen Todesfall konfrontiert: Vor ihrer Ankunft wurde die grausam entstellte Leiche eines Mitbruders außerhalb der Klostermauern gefunden.

Links:
Das ehemalige Dormitorium des Klosters Eberbach diente einst als Schlafsaal für bis zu 150 Mönche – der frühgotische Raum ist mit über eintausend Quadratmetern einer der größten profanen Räume des Mittelalters auf deutschem Boden und gehört heute zum Abteimuseum.

Oben:
Beim Kloster Eberbach diente der Innenhof zwischen östlichem und nördlichem Klausurbau sowie dem Bibliotheksbau früher als Kreuzgang und

Zum weltweiten Erfolg des Kinofilms hat sicher auch die Star-Besetzung einer der beiden Hauptrollen beigetragen: Kein Geringerer als der 1930 in Edinburgh geborene Sean Connery gab sich die Ehre. Ein „Mönch" also, der bereits aus manchen James-Bond-Streifen bekannt war. Produziert wurde der Film von Bernd Eichinger (1949–2011), von dem auch „Wir Kinder vom Bahnhof Zoo", „Der bewegte Mann" oder „Der Schuh des Manitu" stammen.

Klostergarten – Teile davon wurden jedoch nach der Säkularisation 1804 abgebrochen und zum Beispiel beim Bau der „Mosburg" im Schlosspark Biebrich verwendet.

Rechts oben:
Das Mittelschiff des beeindruckenden hochromanischen Langhauses der Basilika von Kloster Eberbach; genutzt wird die Kirche heute vor allem für Konzerte wie beim „Rheingau Musik Festival".

Rechts Mitte:
Imposant ist die Sammlung historischer Weinpressen – das verwundert nicht, schließlich gehört das ehemalige Kloster heute zu den Hessischen Staatsweingütern, mit angeschlossenem modernem Verkaufsraum für feinste Weine.

Rechts:
Die Grabsteine der Äbte von Kloster Eberbach geben ein beredtes Zeugnis der Macht dieser einstigen „Kirchenfürsten".

Als eine der besten Weinlagen des Rheingaus gilt der „Steinberg", dessen Geschichte bis ins 12. Jahrhundert zurückreicht. Sie ist nach dem deutschen Weingesetz von 1971 neben den Lagen Schloss Johannisberg, Schloss Reichartshausen und Schloss Vollrads die einzige Einzellage im Rheingau, die als eigener Ortsteil gilt. Somit können die Weine ohne Angabe einer Ortsbezeichnung einfach als „Steinberger" etikettiert werden. Die frühere Hecke, die die ganze Weinlage umgab, wurde 1767 durch eine hohe Mauer ersetzt, die nicht nur vor Traubendieben schützte, sondern auch das Kleinklima begünstigt.

Der „Steinbergkeller" gilt als einer der modernsten Weinkeller überhaupt. Er wurde 2006 bis 2008 nach den Plänen des Architekten Reinhard Moster aus Neustadt an der Weinstraße mit einem Kostenaufwand von über 15 Millionen Euro errichtet und geht bis zu 14 Meter in die Tiefe. 1 300 000 Flaschen finden hier Platz, dazu kommen 1 800 000 Liter Tankraum. Während des „Rheingau Musik Festivals" wird im Steinberg unter freiem Himmel und mit einem weiten Blick über den Rheingau die „Steinberger Tafelrunde" zelebriert.

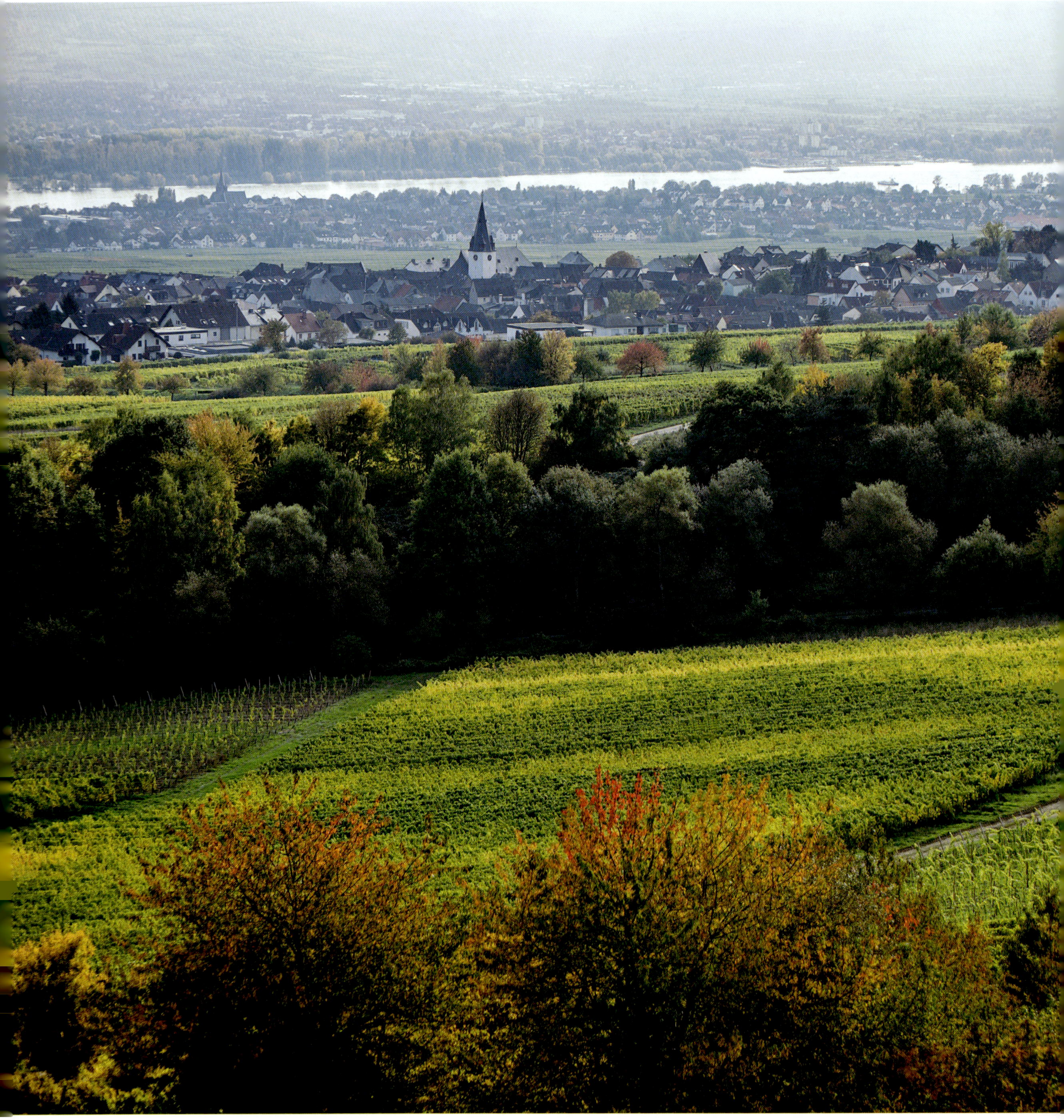

Links und unten:
Das Weindorf Hallgarten ist einer der Rheingauer Höhenorte, die nicht am Rhein liegen. Rings umgeben von Weinbergen, bietet der Ort eine Fernsicht nach Süden bis zum Donnersberg und bis zur Odenwälder Bergstraße. Ortsbildprägend ist die Pfarrkirche Mariä Himmelfahrt, die ursprünglich aus dem 12. Jahrhundert stammt. Hier ist die „Schöne Hallgartenerin" zu Hause, eine Madonnenfigur aus der Zeit um 1415. Sie wird auch „Madonna mit der Scherbe" genannt, wegen eines kleinen Weinkrugs (mundartlich „Scherbe"). Seit 1977 ist Hallgarten in die Stadt Oestrich-Winkel eingegliedert.

Oben:
Idyllisch liegt Hallgarten in den Weinbergen. Dass Hallgarten auch früher schon sehr eigenständig war, zeigt die Tatsache, dass hier der liberale Politiker Johann Adam von Itzstein (1775–1855) zwischen 1832 und 1847 politische und gesellschaftliche Größen im „Hallgartenkreis" um sich versammelte. Dazu zählte unter anderem Hoffmann von Fallersleben, der 1847 in Hallgarten eine Itzstein-Biografie verfasste. Der oppositionelle Hallgartenkreis wird als eine der Keimzellen der Frankfurter Nationalversammlung 1848 in der dortigen Paulskirche angesehen.

107

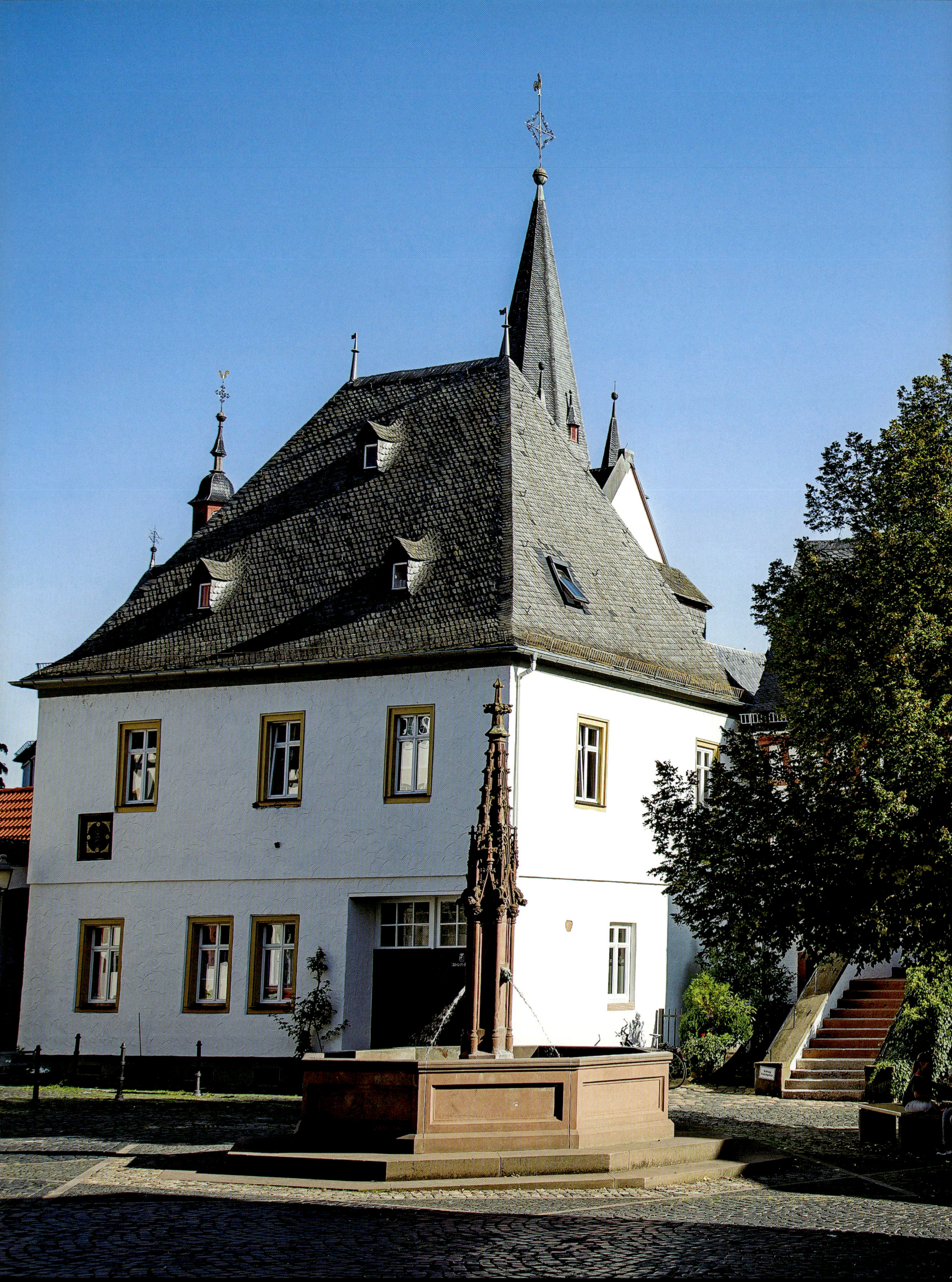

Altes Rathaus
1504

Seite 108/109:
Das „Alte Rathaus" am Marktplatz von Oestrich hat eine neue Bestimmung gefunden. Es beherbergt heute das gleichnamige Weinbistro und bietet neben einer exzellenten Speisekarte auch die dazu passenden Weine, nicht nur aus dem Rheingau.

Mittelheim ist der mittlere der drei baulich ineinander übergehenden Stadtteile von Oestrich-Winkel, die direkt am Rhein liegen. Aus dem frühen 12. Jahrhundert stammt die Basilika Sankt Ägidius – sie wurde jedoch zum Teil auf den Fundamenten einer Kapelle aus dem 10. Jahrhundert errichtet und gilt damit als älteste Kirche im Rheingau.

Die Basilika Sankt Ägidius in Mittelheim hat eine heute sehr seltene architektonische Besonderheit zu bieten: eine Dreifach-Apsis. Das heißt, dass das Mittelschiff und die beiden Seitenschiffe im Osten jeweils mit einer Altarnische abschließen.

Links:
Der stattliche Zehnthof von Winkel blickt auf eine vierhundertjährige Geschichte zurück und ist seit hundert Jahren in Besitz der Winzerfamilie Ohlig. Heute beherbergt er nicht nur das Weingut, sondern auch „Fraund's Restaurant".

Unten:
1751 wurde das „Brentanohaus" in Winkel von Johann Michael Ackermann aus Bingen und seiner Frau Maria Catharina Pleissner erbaut und ging später in den Besitz der Adelsfamilie Brentano über. Das Haus gilt als ein Zentrum der Rheinromantik, Clemens Brentano und noch häufiger Bettina Brentano mit ihrem späteren Mann Achim von Arnim diente das Haus als Sommerresidenz, Johann Wolfgang von Goethe und die Brüder Grimm waren unter den Gästen des Hauses.

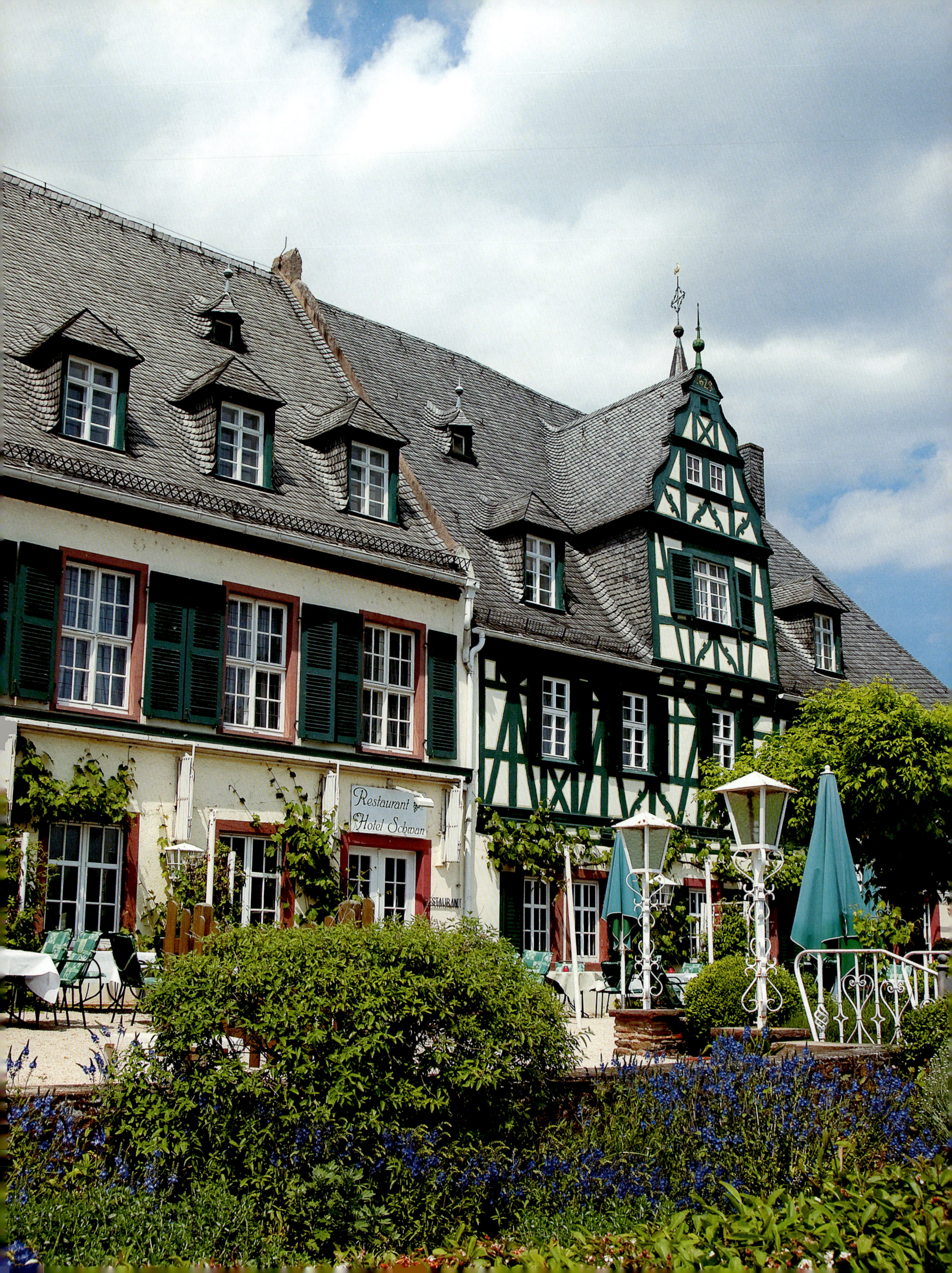
Restaurant
Hotel Schwan

Linke Seite:
Seit 1628 gibt es das heutige Hotel Schwan in Oestrich-Winkel; seit 1883 ist es in Familienbesitz. Wo früher Treidelpferde verpflegt wurden und Rheinschiffer eine Herberge fanden, logierten später Mozart, der Dalai Lama oder Sean Connery – Letzterer während der Dreharbeiten zum Film „Der Name der Rose" im Kloster Eberbach.

Links:
Mit dem Oestricher Kran, auch Alter Rheinkran genannt, wurden früher Holzfässer und andere Güter wie Baumstämme auf Rheinschiffe verladen. Bis ins 19. Jahrhundert war der Bau und Betrieb eines Krans ein erzbischöfliches Privileg, das im Rheingau sonst nur Eltville, Rüdesheim und Lorch besaßen.

Bilder links:
Das Weingut Hamm in Oestrich-Winkel ist seit drei Generationen in Familienbesitz. Einer der Vorfahren des heutigen Winzers Karl-Heinz Hamm war Heinrich Hamm. Im Jahr 1911 baute er den ersten trinkbaren Wein in Japan an – 1914 konnte er dem damaligen Tenno die erste Flasche davon überreichen. Auch sein Nachfahre ist ein Pionier, denn er begann bereits 1977, eine seiner Weinbergslagen auf ökologischen Anbau umzustellen. Dadurch steigerte sich die Qualität der Weine erheblich – heute gibt es bei ihm nur noch „bio".

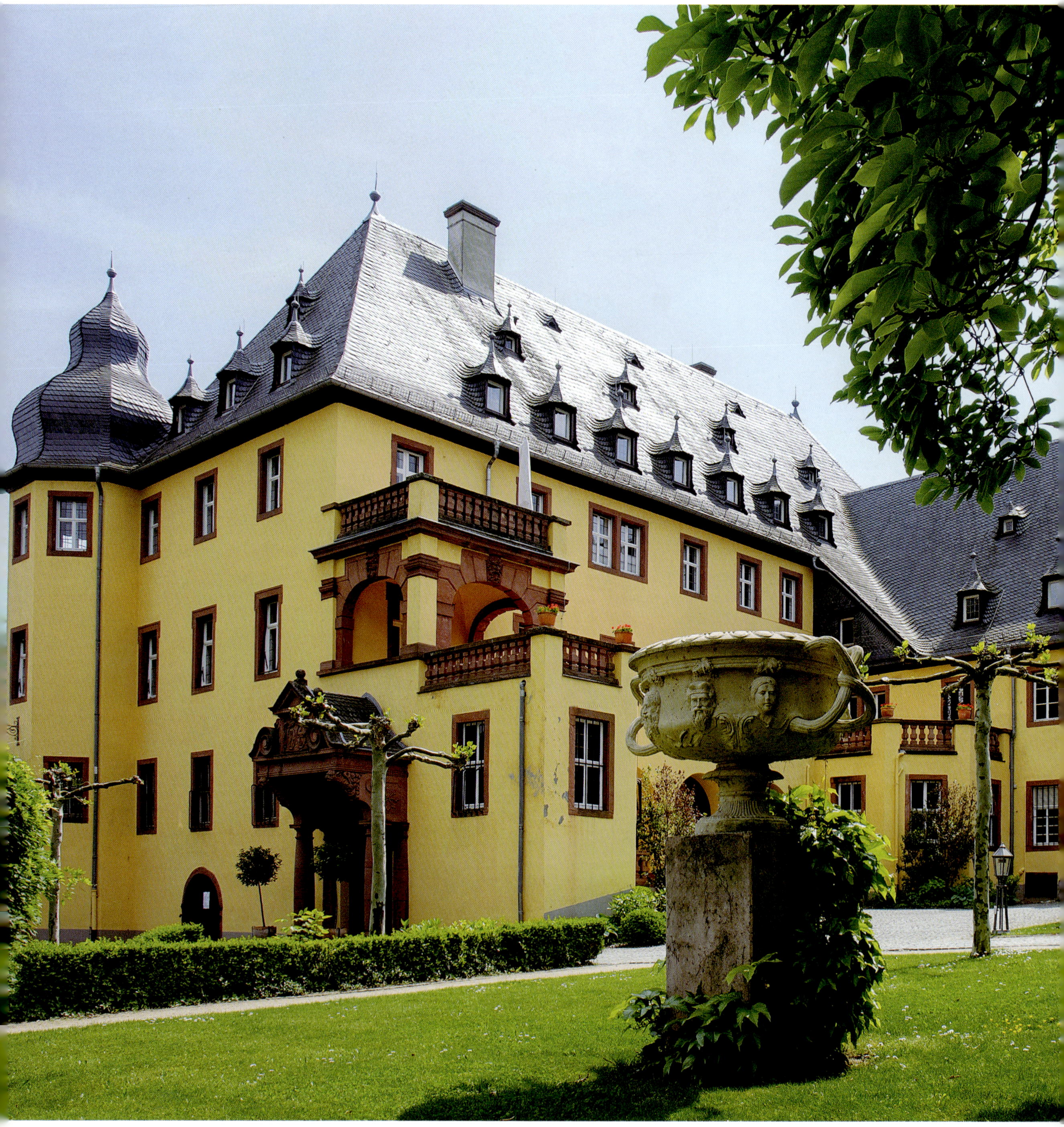

Links:
Beim Schloss Vollrads weist die älteste erhaltene Weinrechnung aus dem Jahr 1211 auf eine jahrhundertlange Weinbautradition hin. Heute wird hier in der Einzellage „Schlossberg" ausschließlich Riesling angebaut – das Angebot reicht dabei vom Qualitätswein bis hin zum Eiswein.

Unten und ganz unten:
Der Weinbau am heutigen Schloss Johannisberg soll der Legende nach ursprünglich auf Karl den Großen zurückgehen. Um das Jahr 1100 entstand hier ein Kloster, das dem heiligen Johannes geweiht war – davon leitet sich bis heute der Name ab. Aus einem zeitweise bestehenden Priorat dieses Klosters ging später das berühmte Kloster Eberbach hervor. Der Überlieferung nach wurde am Johannisberg die Spätlese „erfunden", denn als sich der Kurier nach Fulda mit den edlen Tropfen um acht Tage verspätet hatte, war Edelfäule entstanden – heute erinnert noch das Denkmal eines „Spätlesereiters" an dieses Ereignis.

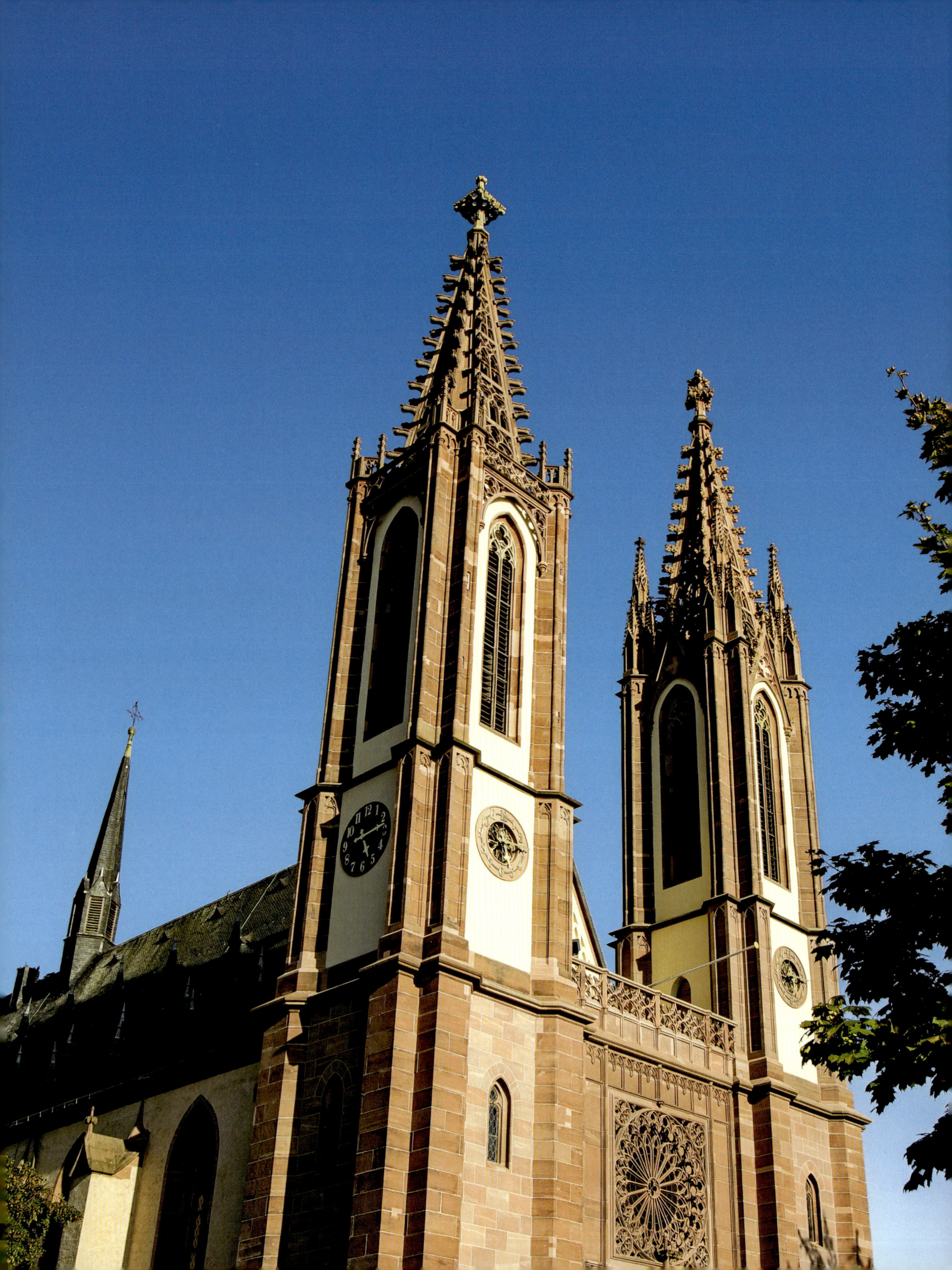

Linke Seite:
Die katholische Pfarrkirche Heilig Kreuz in Geisenheim wird auch „Rheingauer Dom" genannt. 1510 bis 1518 entstand die spätgotische Hallenkirche als Nachfolgebau einer romanischen Kirche – die Türme entstanden 1834 bis 1838, da die noch aus der Romanik stammenden Westtürme wegen Baufälligkeit abgebrochen worden waren.

Die klassizistische Villa Monrepos gilt als „Keimzelle" der heutigen Forschungsanstalt für Garten- und Weinbau in Geisenheim. Hier erfolgen nicht nur Versuche zum ökologischen Weinbau, es entstehen auch neue Obstsorten wie die „Aprimira", eine Kreuzung zwischen Aprikose und Mirabelle.

Die Wölbung des Langhauses der Heilig-Kreuz-Kirche in Geisenheim stammt aus der Umbauphase im 19. Jahrhundert. Das Gotteshaus war nie ein Bischofssitz – seine Bezeichnung „Dom" erhielt es wegen seiner Größe und Bedeutung im Vergleich zu anderen Kirchen der Region.

Seite 118/119:
Vom Niederwalddenkmal reicht der Blick über die Weinberge, Rüdesheim und den Rhein – mithin von Hessen hinüber nach Rheinland-Pfalz. Der Rhein offenbart sich hier als mächtiger Strom inmitten lieblicher Hügel, bevor er im Oberen Mittelrheintal zwischen die hochaufragenden Felsen gedrängt wird.

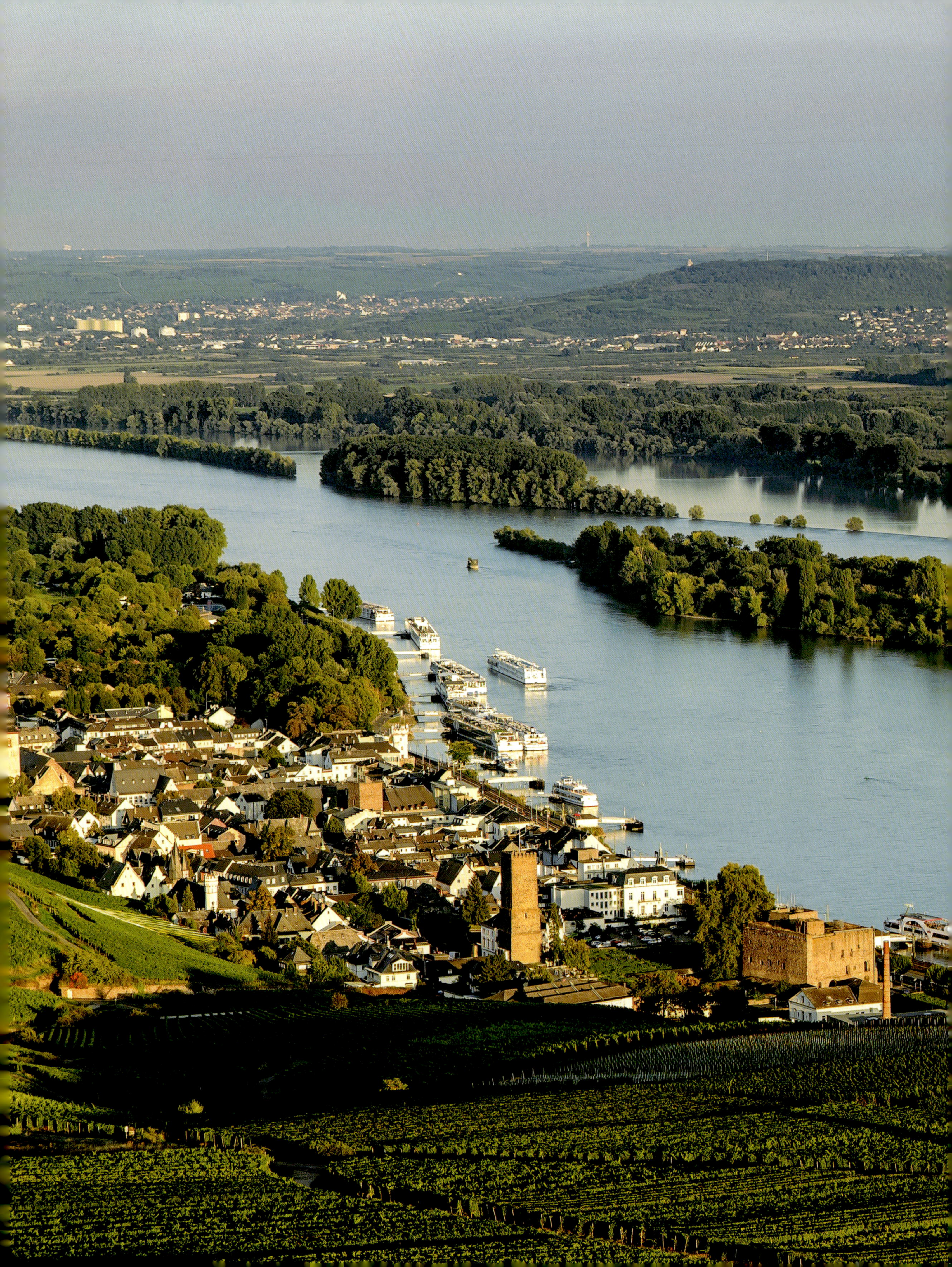

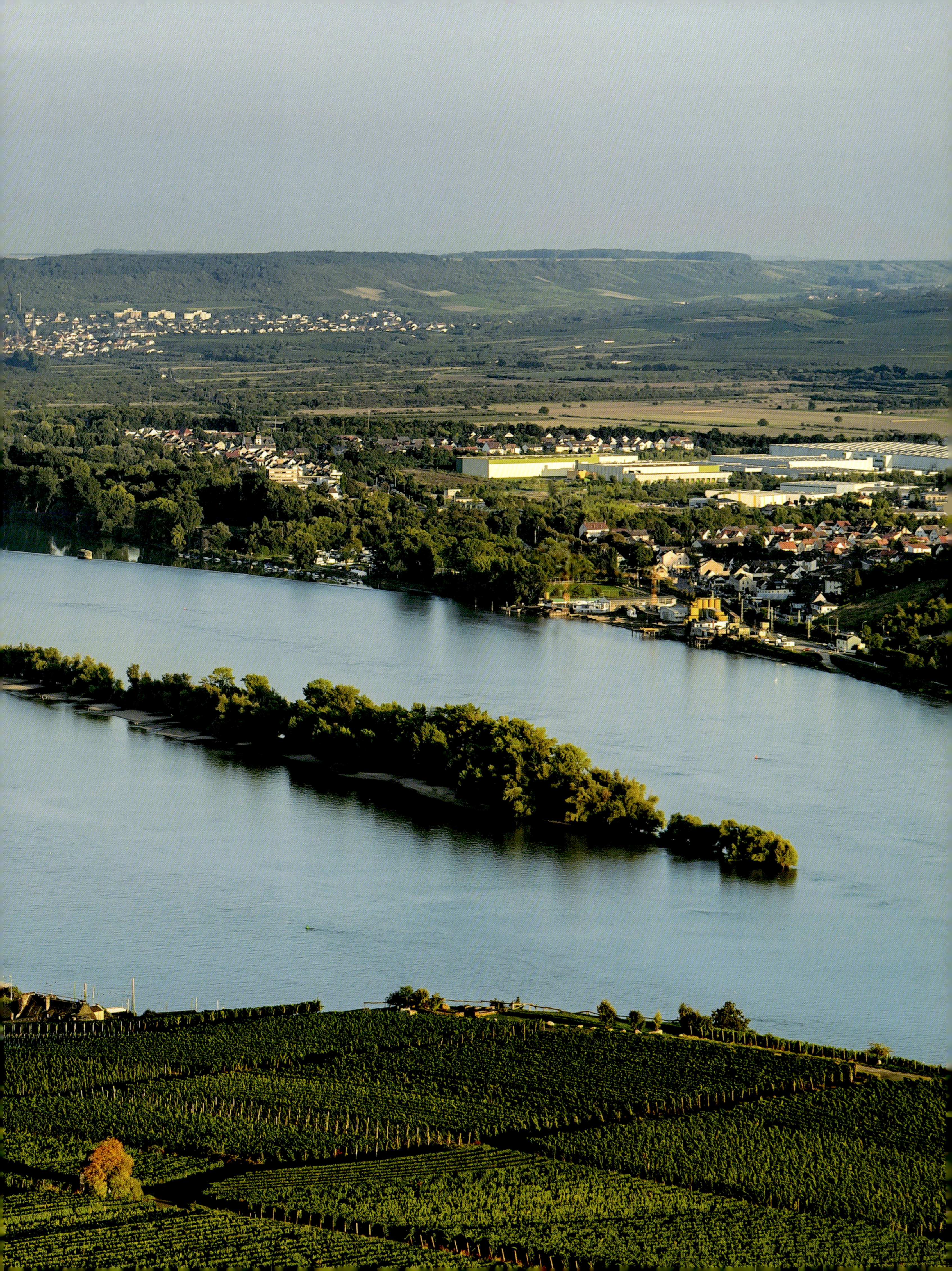

Rheingauer Wein – zwischen Main, Taunus und Rhein

Als größtes deutsches Weingut gelten die „Hessischen Staatsweingüter GmbH Kloster Eberbach" mit ihren rund 200 Hektar Weinbergen im Rheingau sowie an der Hessischen Bergstraße. Die Zisterzienser hatten einst den umfriedeten „Steinberg" angelegt und heute gehören auch Parzellen in besten Lagen wie dem Rauenthaler Baiken, Erbacher Marcobrunn, Assmannshäuser Höllenberg, Rüdesheimer Berg oder am Wiesbadener Neroberg dazu. Hier gedeiht größtenteils Riesling, doch auch Chardonnay, Weißburgunder, Grauburgunder, Spätburgunder und Dornfelder ergeben edle Tröpfchen. Verkosten und erwerben kann man den Wein in der Vinothek auf dem Klostergelände – und sie munden auch in der Klosterschänke.

Mit der Säkularisation 1803 ging zwar die Tradition des Klosters unter, nicht aber die des Weinanbaus. Über das Fürstentum Nassau-Usingen ging der Besitz an das Herzogtum Nassau und schließlich über Preußen 1945 an das Land Hessen: Hier wurde 1951 die Sektproduktion aufgenommen, um „überschüssigen" Wein zu verwerten.

Das „Weinanbaugebiet Rheingau" ist allerdings größer als die gleichnamige historische Landschaft. Denn dazu gehören auch Weinberge in Wiesbaden und selbst in Frankfurt am Main. 1980 wurde in der ehemaligen Weinstadt Rüsselsheim, links des Mains gelegen, durch den Oberbürgermeister mit Hilfe des Rheingauer Weinbauverbandes ein Gedächtnisweinberg angepflanzt. Hier erinnert er an historischer Stätte an die erste Erwähnung des Rieslings 1435 in den Regesten des Grafen von Katzenelnbogen.

Der Spätlesereiter

Das Weingut auf dem Schloss Johannisberg blickt ebenfalls auf eine klösterliche Tradition zurück. 1716 hatte der Erzbischof den Johannisberg an den Fuldaer Fürstabt Konstantin von Buttlar veräußert, der nicht nur Geld aufbrachte zum Umbau der Gebäude zu seiner Sommerresidenz, sondern auch für einen 260 Meter langen Gewölbekeller sowie für die Vergrößerung der Weinanbaufläche und die neue Bestockung, vor allem mit Riesling. Deshalb gilt der Johannisberg heute als ältestes Riesling-Weingut der Welt.

Hier erinnert heute der „Spätlesereiter" auch daran, dass (un-)glückliche Umstände zur „Erfindung" der Spätlese führten. 1775 hatte sich der Überlieferung nach der Kurier, der jedes Jahr eine Probe von Johannisberger Trauben nach Fulda zu bringen hatte, um dort die Leseerlaubnis einzuholen, um acht Tage verspätet.

Trotz der eingetretenen Edelfäule kelterte man daraus einen Wein, der vorzüglich mundete. Dies war aber keine wirkliche „Premiere", denn die ersten Weine aus edelfaulen Trauben sind aus dem 16. Jahrhundert belegt und 1757 hatte man auf Schloss Johannisberg ebenfalls „delikaten Wein" aus edelfaulem Lesegut gekeltert. Heinrich Heine meinte zu dieser Rheingauer Institution: „Mon dieu, wenn ich doch so viel Glauben in mir hätte, dass ich Berge versetzen könnte, der Johannisberg wäre just derjenige Berg, den ich mir überall nachkommen ließe." Doch bester Rheingauer Wein wächst nicht nur auf Bergen, sondern auch auf einer Insel im Rhein, der „Mariannenaue". Sie übertrifft mit einer Fläche von knapp 70 Hektar die Insel Mainau im Bodensee und wird vom Schloss Reinhartshausen landwirtschaftlich genutzt. Aufgrund der klimatischen Besonderheiten kann man mit einem Vegetationsvorsprung von drei bis vier Wochen rechnen, sodass hier auch die Rebsorte Chardonnay gut gedeiht.

Rauenthal, heute ein Stadtteil von Eltville, gilt mit seinen 255 Metern als der höchstgelegene Weinbauort im Rheingau. Hier kann man bei vielen Weingütern einkehren, so beim Weingut Wagner im „Weinhaus Engel" – der Betrieb wird seit 13 Generationen in Familienbesitz geführt. Zum Wein kann man zum Beispiel „Rheingauer Spundekäs" ordern, eine Mischung aus Frischkäse, Kräutern, Gewürzen und gerne mit Knoblauch verfeinert. Wem die edlen Tröpfchen, auch solche mit „Firne" nach langer Lagerung, besonders gut munden, der kann im „Weinhaus Engel" in gemütlich eingerichteten Gästezimmern übernachten. Doch auch Feriengäste aus Schlangenbad schätzen eine Einkehr in Rauenthal: für den Hin- und Rückweg empfiehlt sich, auf Schusters Rappen, wie ehedem der „Eselspfad". Das schont den Führerschein und dient, wie der Genuss des Weins, der Gesundheit.

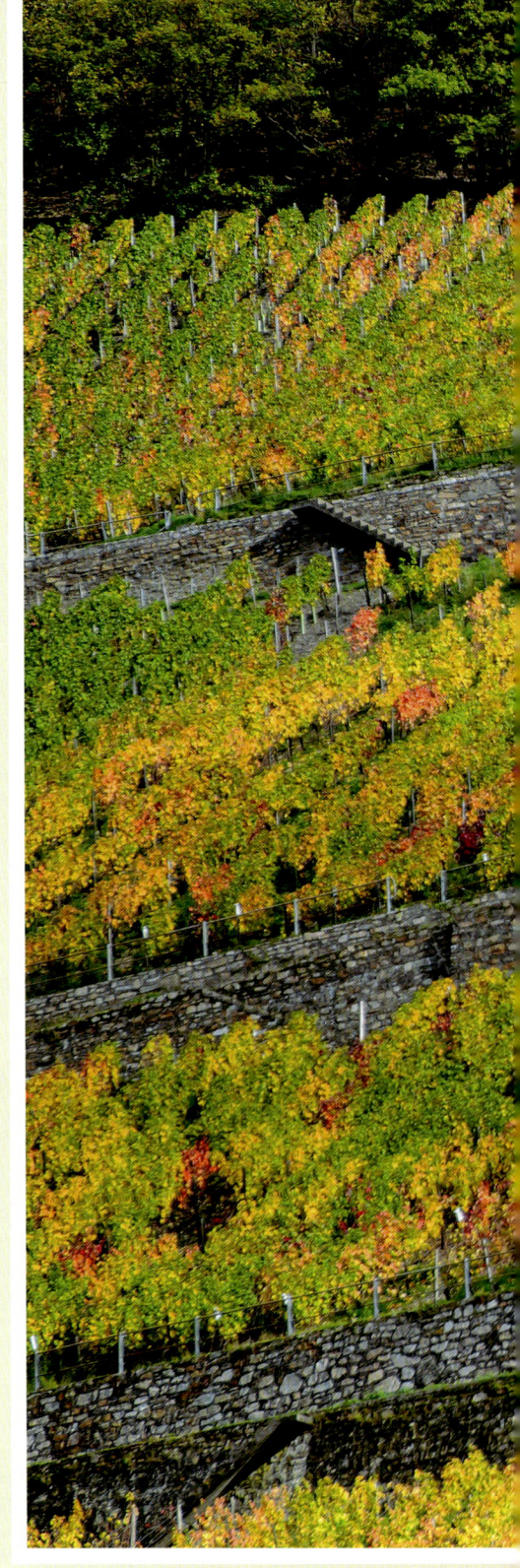

Links:
In Rüdesheim wird nicht nur Wein angeboten, die Stadt ist auch Sitz des ältesten deutschen Weinbrands: „Asbach Uralt" – das Unternehmen selbst ist mittlerweile eine Tochtergesellschaft der Semper idem Underberg GmbH.

Oben:
Als wohl bekannteste Rotweingemeinde Deutschlands gilt Assmannshausen, heute ein Stadtteil von Rüdesheim – denn ab dem „Binger Loch" Richtung Norden beginnen die Terrassenweinberge des weltberühmten Oberen Mittelrheintals.

Kleine Bilder rechts, von oben nach unten: Im Rheingau wird vor allem Riesling angebaut, der seine erste Erwähnung 1435 in den Regesten der Grafen von Katzenelnbogen fand.

Größere Rotweinanbaugebiete gibt es am Rhein außer in Ingelheim und am Nebenfluss Ahr nur hier, in Assmannshausen, am Übergang vom Rheingau zum Oberen Mittelrheintal.

Seit einigen Jahren bewirtschaftet das Weingut Philipp-Terfoort in Oestrich-Winkel seine Weinberge nach ökologischen Richtlinien – der „offizielle" Start des Verkaufs von Bio-Wein ist für das Jahr 2015 geplant.

Familiäre Bande führten 2003 zur Gründung des Weinguts Philipp-Terfoort in Oestrich-Winkel, ursprünglich nur für den eigenen Bedarf – heute helfen alle Familienmitglieder sowie zahlreiche Freunde und Bekannte mit großer Begeisterung bei der Lese mit.

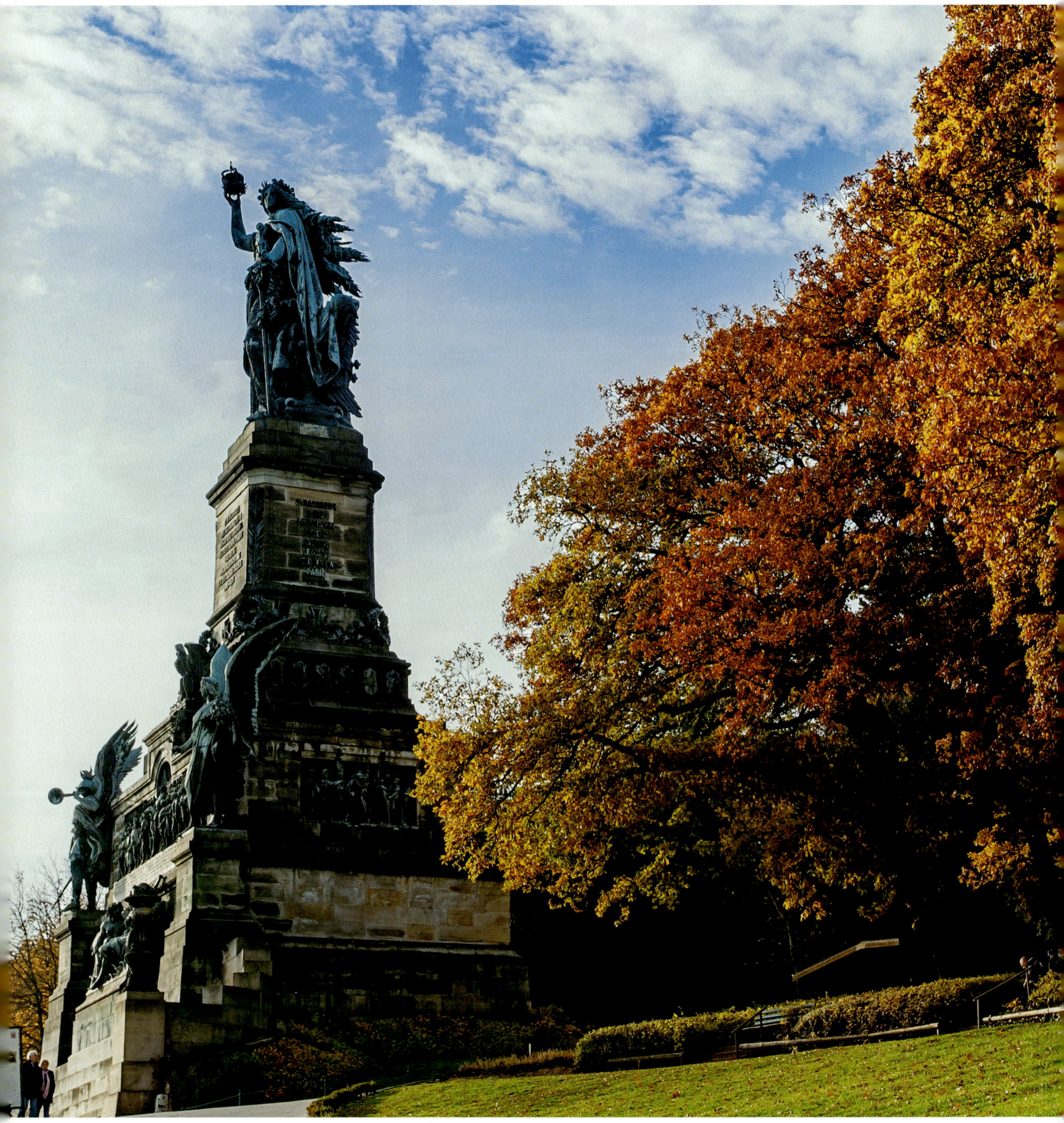

Links:
Bekrönt wird das Niederwalddenkmal oberhalb von Rüdesheim von einer mehr als zwölf Meter hohen Figur der Germania im „altdeutschen Stil". Das Denkmal ist gen Süden ausgerichtet, der Kopf ist allerdings leicht nach links, Richtung Osten, gedreht: Germania schaut also in den Rheingau.

Unten:
Unweit des Niederwalddenkmals findet man das Jagdschloss Niederwald, das heute ein komfortables Hotel beherbergt. Es wurde 1764 von Graf Karl Maximilian von Ostein erbaut – 1948 fand hier die Niederwaldkonferenz statt, bei der die elf westdeutschen Ministerpräsidenten eine neue Verfassung nach dem Zweiten Weltkrieg vorbereiteten.

Oben:
Unterhalb des Sockels des Niederwalddenkmals ist ein Relief mit 133 Personen in Lebensgröße dargestellt, das als größtes Bronzerelief des 19. Jahrhunderts gilt. Um König Wilhelm von Preußen hoch zu Ross haben sich die Generäle und Fürsten versammelt; ein hessischer Jäger und ein preußischer Kanonier stehen sinnbildlich für die am Krieg beteiligten Mannschaften und Truppenteile.

Erstmals im 15. Jahrhundert als Quartier von Rheinschiffern erwähnt, gilt die weltweit bekannte Drosselgasse heute als Inbegriff deutscher Gemütlichkeit, nicht zuletzt bei Gästen aus den USA und Japan. Im 18. und 19. Jahrhundert zogen gut situierte Bürger und höhere Beamte der kurmainzischen Landesregierung hierher, offizielle Einrichtungen wie die herzoglich-nassauische Amtsverwaltung, die nassauische Landessteuerkasse und die königlich-preußische Kreisverwaltung folgten. Nach den Zerstörungen im Zweiten Weltkrieg wurden die Gebäude wieder aufgebaut; neben Weinlokalen, Straußwirtschaften und Souvenirläden siedelten sich nun auch Bierlokale an.

Oben:
An der Rüdesheimer Rheinstraße befindet sich das kleine familiengeführte Hotel Post direkt zwischen der Amselstraße und der Drosselgasse. Die Häuser stammen hier weitgehend aus dem 19. Jahrhundert und laden mit ihren schmucken Fassaden zum Flanieren ein.

Links:
Er ist wieder in aller Munde, der Weinbergspfirsich, wie hier an einem Weinverkaufsstand in Rüdesheim in der Form schmackhaften Likörs. Der rote und der weiße Weinbergspfirsich gelten aromatischer und dafür weniger süß als andere Pfirsicharten – sie eignen sich nicht nur für das Kochen und Dünsten (ohne die pelzige Schale), sondern auch für Konfitüre oder Kompott.

Unten:
Aus dem Jahr 1292 stammt der Brömserhof in der Oberstraße von Rüdesheim, unmittelbar um die Ecke der Drosselgasse gelegen. Hier findet man heute ein sehr sehens- und hörenswertes, privat geführtes Museum für mechanische Musikinstrumente.

Rechts:
Während die Brömserburg als „Niederburg" die umfangreichen Sammlungen des Rheingauer Weinmuseums beherbergt, gilt die Boosenburg (im Bild) als „Oberburg". Stadtbildprägend für Rüdesheim ist der Turm, der in seinen Ursprüngen auf das 9. Jahrhundert zurückgeht – diese Burg ist allerdings in Privatbesitz und nicht öffentlich zugänglich.

Oben:
Der Bassenheimer Hof in der Oberstraße von Rüdesheim stammt aus dem 16. Jahrhundert. Er zählt zu einer Reihe sehenswerter Adelshöfe aus verschiedenen Epochen, die sich hier wie Perlen an einer Kette bewundern lassen.

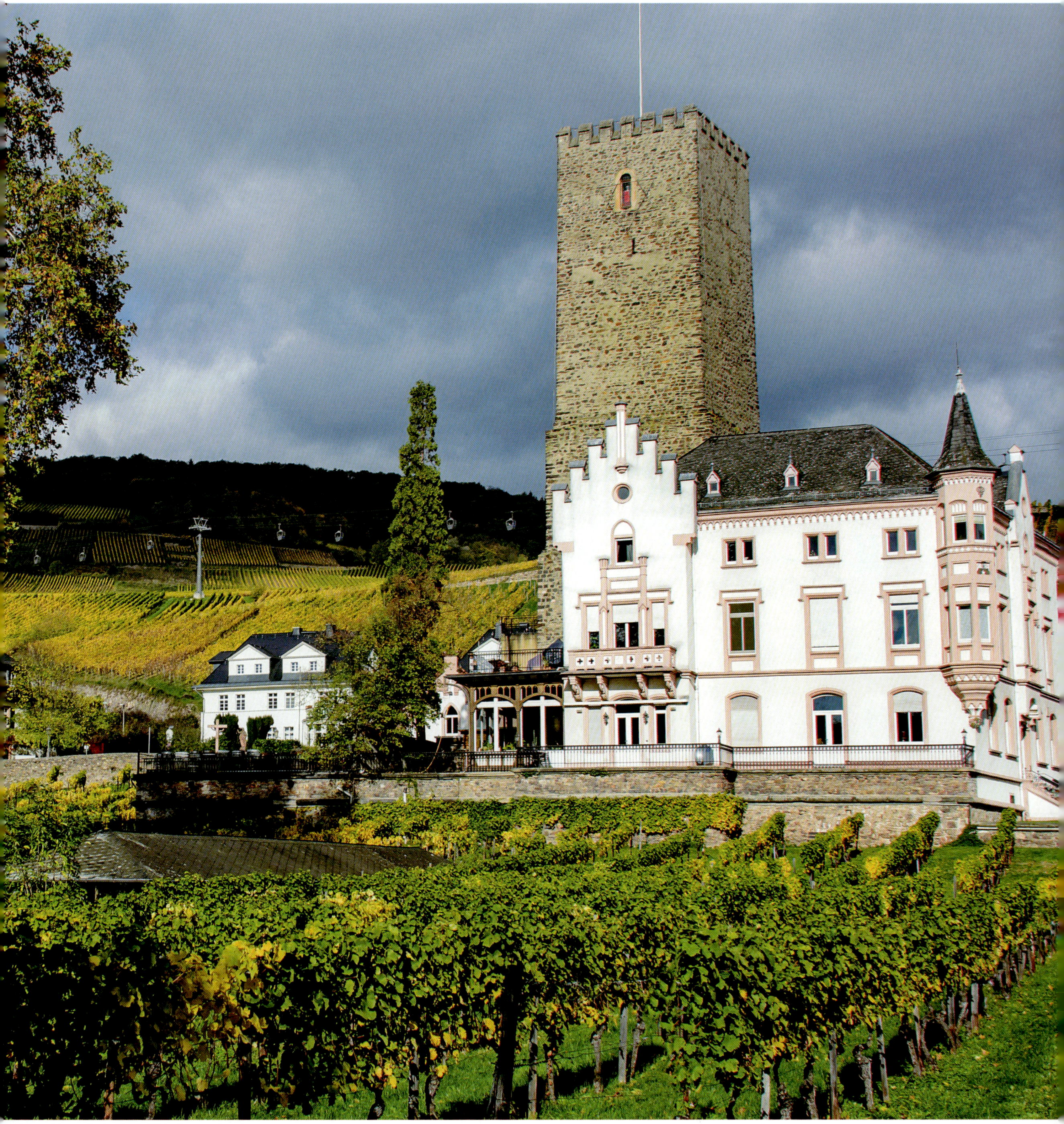

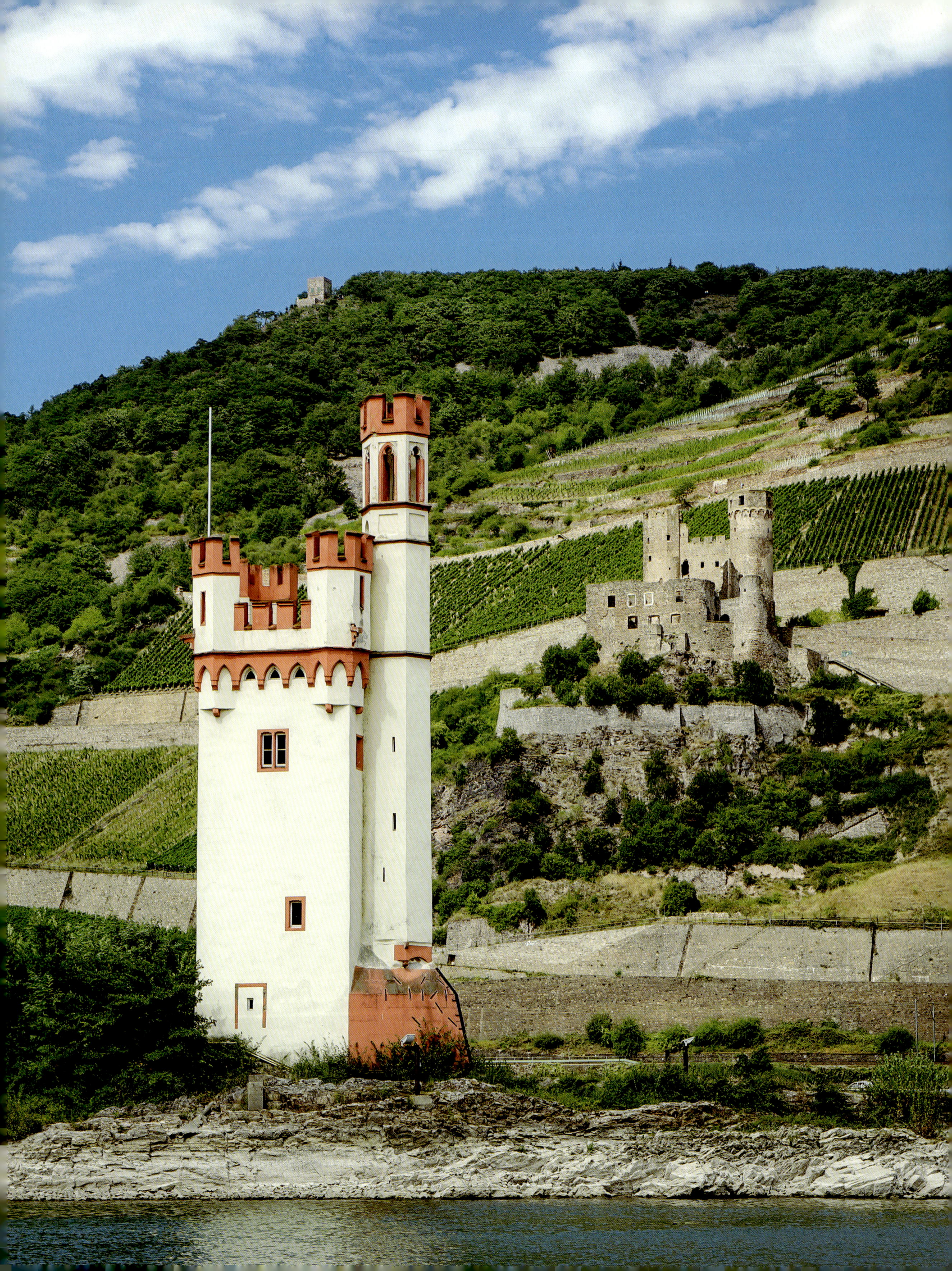

Linke Seite:
Der Binger Mäuseturm ist ein früherer Wach- und Wehrturm auf einer Insel im Rhein und erhielt seinen Namen aufgrund einer Sage. Hier ist er vom rheinland-pfälzischen Rheinufer aus zu sehen – im Hintergrund erhebt sich die Burg Ehrenfels, zwischen Rüdesheim und Assmannshausen im Rheingau gelegen.

Eine Personenfähre verbindet Assmannshausen mit der linksrheinisch gelegenen Burg Rheinstein. Die Burg wurde im 14. Jahrhundert errichtet, verfiel ab dem Ende des 16. Jahrhunderts und erhielt nach dem Abschluss des Wiederaufbaus 1829 ihren heutigen Namen.

Heimelig anmutende Winkel gibt es auch am Rhein, wie hier bei Oestrich-Winkel. Auf diesem großen deutschen Strom verkehren nicht nur große Personen- und Frachtschiffe, auch für kleinere „Nussschalen" – nebst winzigen Beibooten – findet sich hier ein ruhiges Plätzchen…

Eng gedrängt zwischen Rhein und „Gebirge" liegt Assmannshausen kurz unterhalb des Binger Lochs. Der Ort mit seinen rund tausend Einwohnern kann mit vielen alten Fachwerkhäusern aufwarten, die von der langen Geschichte zeugen.

Unten:
Aus der ehemaligen Treidelstation von Assmannshausen entstand zuerst das Schiffer-Zunfthaus und, seit 1808, das heutige Hotel und Gasthaus Krone. Hier residierten Schriftsteller und Künstler der Romantik, die im 19. Jahrhundert schwärmerische Begeisterung auslösten.

Ganz unten:
1408 wurde die „Alte Bauernschänke" in Assmannshausen errichtet, die seit 1960 in Besitz der Familie Berg ist. Ein eigenes Weingut und ein umfangreiches Wellness-Angebot lassen keine Wünsche offen.

Seite 132/133:
Ein mächtiger neoromanischer Baukörper aus den Jahren 1900 bis 1904 bei Rüdesheim beherbergt die Benediktinerinnenabtei St. Hildegard. Das Klosterweingut, der Klosterladen, die Kunstwerkstätten und die Aufnahme von Gästen dienen dem Lebensunterhalt der klösterlichen Gemeinschaft.

131

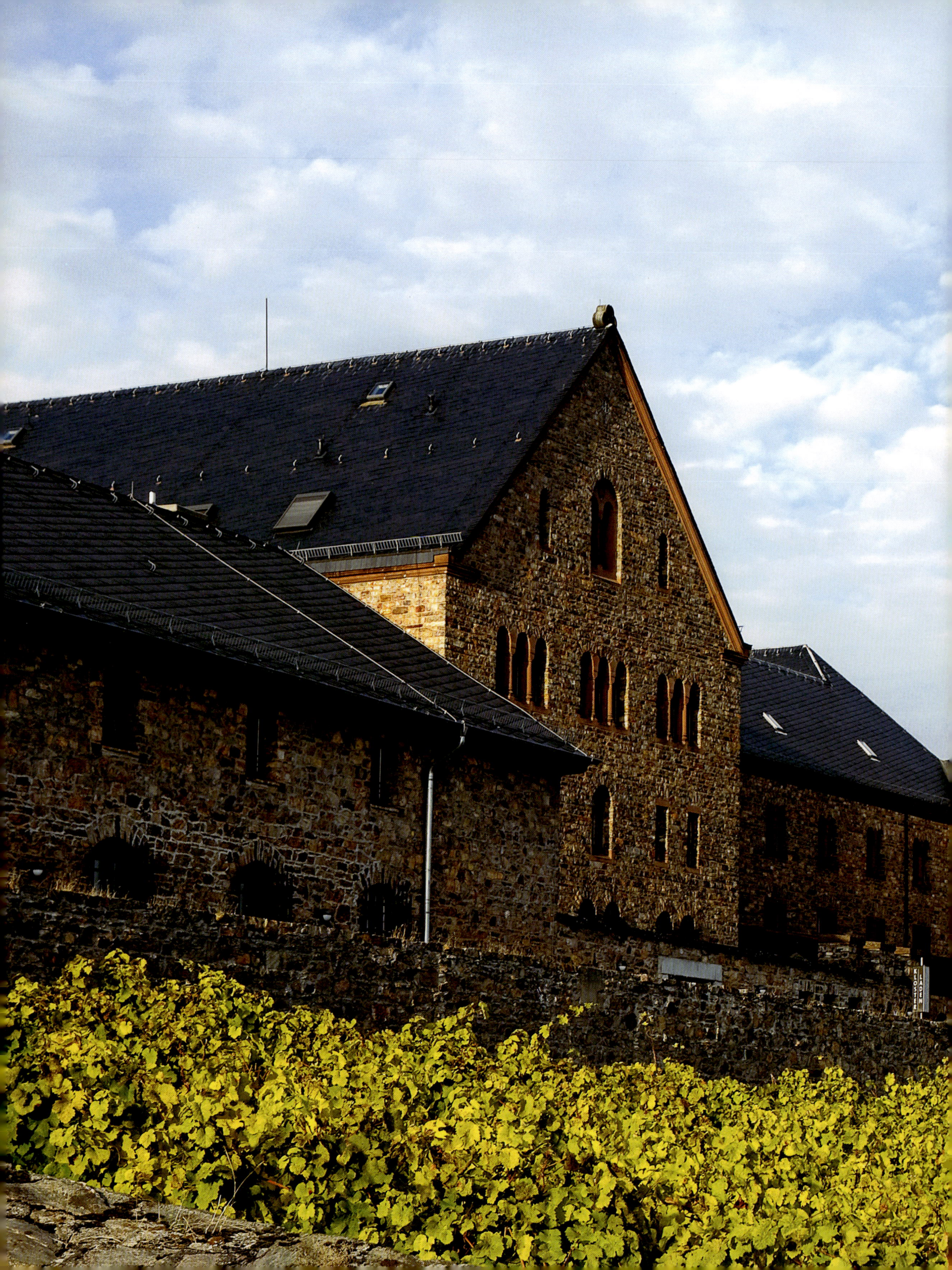

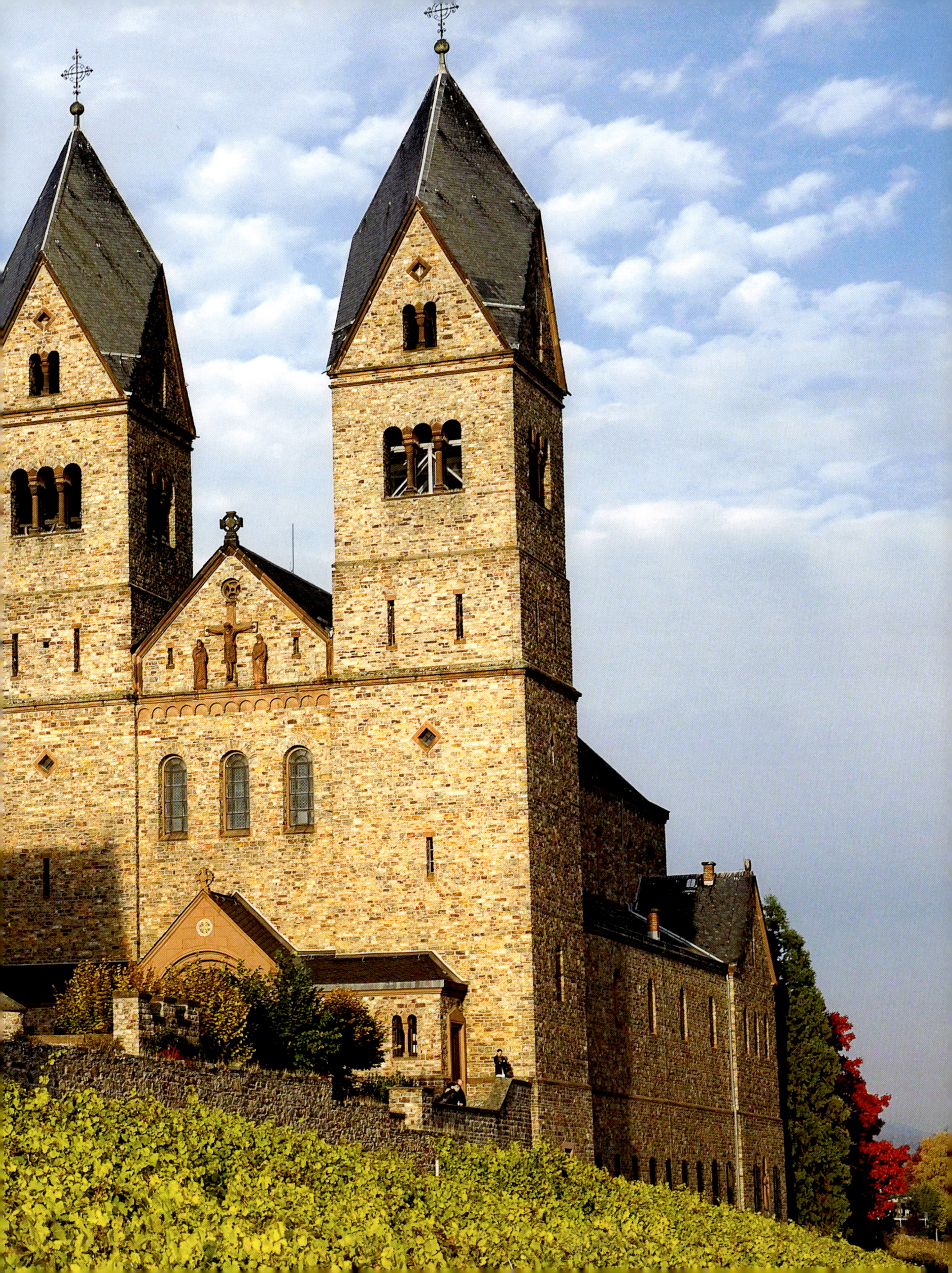

Register

	Textseite	Bildseite
Abtei St. Hildegard		132/133
Assmannshausen	16, 120	22/23, 120/121, 130, 131, 136
Bad Schwalbach	14, 13, 66	67, 96, 97
Bärstadt	15, 16	
Brentanohaus	14, 48, 80	48/49, 111
Brömserburg	80	
Burg Rheinstein		129
Eltville	14, 20, 120	84–89
Erbach	14, 20, 120	
Eselspfad	120	
Geisenheim	80	116, 117
Hallgarten		106, 107
Hattenheim		98, 99
Hochheim am Main		82, 83
Jagdschloss Niederwald		123
Kiedrich		90–93
Kloster Eberbach	102, 120	100–103
Lorch	21, 80	
Mäuseturm		128
Mittelheim	20	110
Niederwalddenkmal	16	80/81, 118/119, 122/123
Niederwalluf	80	
Oestrich	20	113
Oestrich-Winkel	14, 20	108/109, 112, 113, 121
Rauenthal	120	97
Rüdesheim	16, 80	8/9, 118–120, 124–127
Bassenheimer Hof		126
Boosenburg		126/127
Brömserhof	80	126
Drosselgasse	80	8/9, 124
Drosselhof		124
Hotel Post		125
Oberstraße		126
Rheinstraße		125
Schlangenbad	14, 66, 120	66, 94, 95
Schloss Johannisberg	80, 102, 120	115
Schloss Reichartshausen	80	
Schloss Reinhartshausen	20, 80, 120	
Schloss Vollrads	20, 80, 102	114/115
Steinberg		16/17, 104, 105
Wiesbaden	12–14, 16–18, 20, 26, 48, 66, 120	6/7, 14/15, 18–21, 24–79
Aktives Museum Spiegelgasse		61
Altes Rathaus		35

	Textseite	Bildseite
Altstadt	26	18/19
Bäckerbrunnen		40
Biebricher Schloss	26	12/13, 78, 79
Bierstadter Straße		62
Bonifatiuskirche		26/27
Café Maldaner		42
Café Wenzel		43
Dern'sches Gelände		34
Faulbrunnen	66	
Goldgasse	66	43
Grabenstraße		40
Hauptbahnhof		60/61
Henkell-Schlösschen		76/77
Hessische Staatskanzlei		60
Hessischer Landtag	29, 35	
Hessisches Landesmuseum		58, 59
Hessisches Staatstheater		52–55
Kaiser-Friedrich-Therme	17, 26	68, 69
Kochbrunnen	17, 26, 66	64, 66/67
Kochbrunnenspringer		67
Kranzplatz		64
Kurhaus	66	44–47, 52, 67
Kurpark		56
Luisenplatz		26/27
Lutherkirche		37
Marktbrunnen	66	
Marktkirche	20	24/25, 32/33, 36
Marktplatz		18/19
Mauergasse		42
Mosburg		79
Nassauer Hof		39
Neroberg	16, 17, 26, 120	20/21, 70–73
Nerotal	16	63, 74, 75
Nordfriedhof		75
Opelbad	16, 17	
Palasthotel		39
Pariser Hoftheater		61
Rathaus	66	24/25, 35
Ringkirche		36, 37
Russisch-Orthodoxe Kirche		14/15
Schlossplatz	13	24/25
Spielbank	26, 66	50/51
Stadtschloss	13	24/25, 28–31
Villa Clementine	17, 18	62
Villa Söhnlein-Pabst		63
Warmer Damm		57
Webergasse		40
Wilhelmstraße		38
Winkel im Rheingau	14, 20, 48, 80	48/49, 111

HESSEN
BAD SCHWALBACH
TAUNUSSTEIN
NIEDERNHAUSEN
Taunus
Hohe Kanzel 592 m
Rassel 539 m
Kellerskopf 474 m
Naurod
Tannenhof
Erbsenacker
Jagdschlossruine
Rambach
Heßloch
Hohe Wurzel 618 m
Schläferskopf 454 m
Tierpark
Fasanerie
Adamstal
Neroberg 245 m
Bahnholz
Lindenthaler Hof
Hockenberger Mühle
Schlangenbad
Opelbad
Eigenheim
Sonnenberg
Kloppenheim
Georgenborn
Chausseehaus
Klarenthal
WIESBADEN
Aukamm
Thermalbad
Obergladbach
Hausen vor der Höhe
Hansenkopf 495 m
Kohlheck
Kurhaus
Schloss
Rathaus
Museum Wiesbaden
Bierstadt
Igstadt
Mühlenhof
Neu-Mühle
Dotzheim
Hof Niederfeld
Klinger-Mühle
Frauenstein
Märchenland
Schelmengraben
Hainerberg
of Mappen
Erbacher Kopf 580 m
Schloss Sommerberg
Rauenthal
Kloster Tiefenthal
Nürnberger Hof
Hochfeld
Nordenstadt
Kalte Herberge 619 m
Quellenhof
Martinsthal
Hof Armada
Freudenberg
Gräselberg
Mosbach
Erbenheim
Zange
Ruine Scharfenstein
Nußberg
Gorother Mühle
Am Hahnwald
Am Rebhang
Kloster Eberbach
Eichberg
Kiedrich
Schierstein
Biebrich
Delkenheim
Elisabethenhof
Steinberg
Rehms-Mühle
Ober-Walluf
Am Fort Biehler
Wacholderhof
Steinheimer Hof
Schloss Biebrich
Hesslerhof
Mechtildshausen
Neuhof
Marienhöhe
Heinrichsmühle
Nieder-
Rettbergsaue
Hallgarten
ELTVILLE
Amöneburg
Sternenhof
Am Rothenberg
Kurfürstliche Burg
Erbach
Eltviller Aue
Petersaue
Schloss Vollrads
Schloss Reinhartshausen
Königsklinger Aue
Hattenheim
Kastel
Mariannenaue
OESTRICH-WINKEL
HOCHHEIM am Main
Schloss Reichartshausen
KOSTHEIM
Oestrich
Mariannenaue
Schloss Johannisberg
Mittelheim
St. Agidius
Rhein
Main
Winkel
MAINZ
Winkeler Aue
Fulder-Aue
INGELHEIM
RHEINLAND-PFALZ
Rheinhessisches Hügelland
Walluf
Kesselbach
Rambach
Weilburger Bach
Lippbach
Kiedricher Bach
Leimersbach
Mosbach
Wäschbach
Aubach
Selz

Die „Höllengasse" ist, wie die Drosselgasse im benachbarten Hauptort Rüdesheim, die Partymeile von Assmannshausen. Gemütliche Kellerlokale und urige Weinstuben, Tanzbars und andere Wirtshäuser sorgen für beste Stimmung bei den Gästen, sodass die sprichwörtliche rheinische Fröhlichkeit die langen Nächte kurz werden lässt…

Impressum

Buchgestaltung
Matthias Kneusslin, www.hoyerdesign.de

Karte
Fischer Kartografie, Aichach

Alle Rechte vorbehalten

Printed in Germany
Repro: Artilitho snc, Lavis-Trento, Italien
　　　　www.artilitho.com
Druck und Verarbeitung: Offizin Andersen Nexö, Leipzig
© 2014 Verlagshaus Würzburg GmbH & Co. KG
© Fotos: Tina und Horst Herzig
© Texte: Michael Kühler

ISBN 978-3-8003-4203-7

Bildnachweis
Alle Bilder von Tina und Horst Herzig mit Ausnahme von:
S. 48 unten; S. 49 rechts (3 Abb.); S. 66 unten; S. 66/67
Mitte: Archiv des Verlages.
Der Verlag dankt Hennig Kreft / Henkell Sektkellerei
für die freundliche Genehmigung zum Abdruck der drei
Bilder auf der Seite 76/77.

Unser gesamtes Programm finden Sie unter:
www.verlagshaus.com

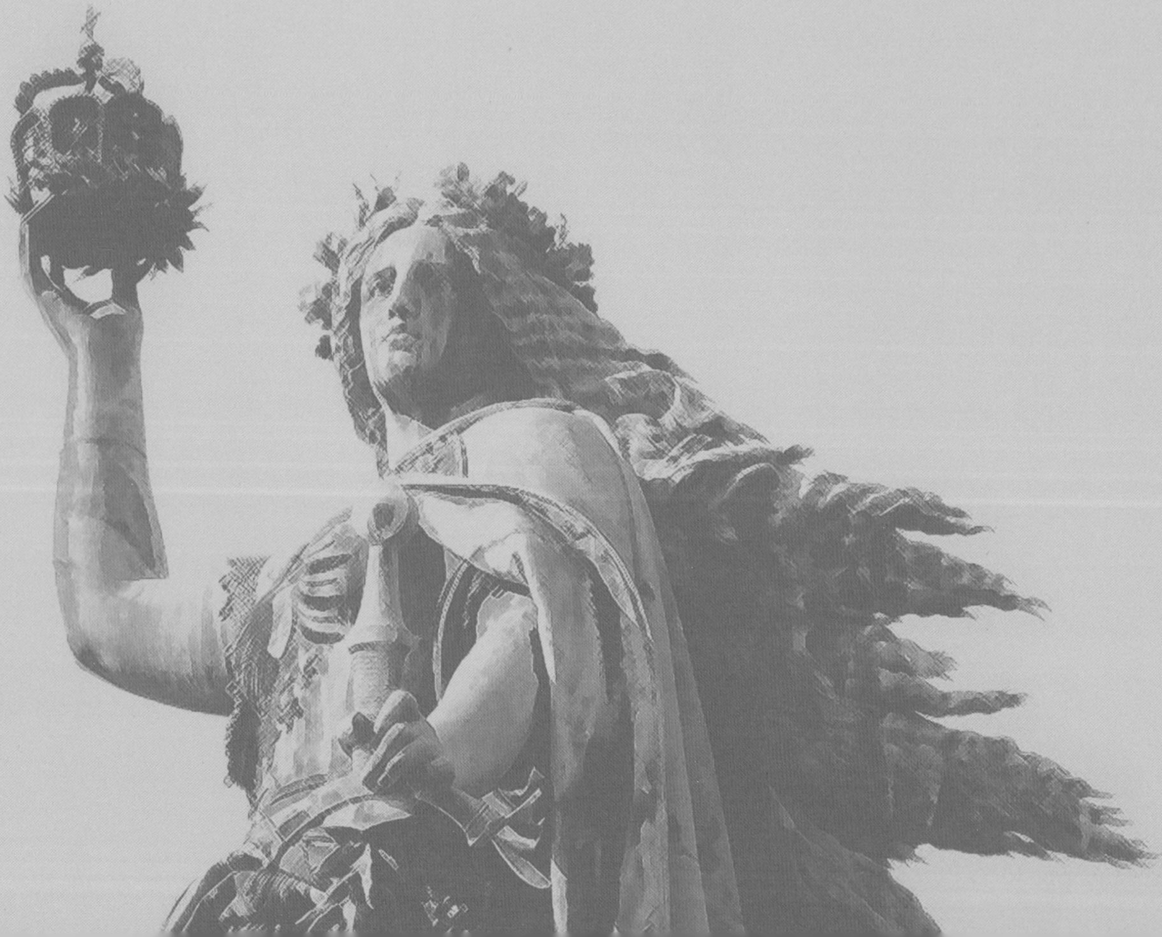